日本労働社会学会年報

2016
第27号

「女性活躍」政策下の労働

日本労働社会学会

The Japanese Association of Labor Sociology

特集　「女性活躍」政策下の労働 ─────────────── 1

1　女性活躍推進法における企業行動 ……………………金井　　郁…　3
　　──生命保険会社9社を事例に──
2　地域経済における女性活躍推進 ……………………駒川　智子…　32
　　──福岡県の中小企業の取り組みと「女性の大活躍推進福岡県会議」──
3　構造改革・安倍女性活躍政策と雇用構造・
　　ジェンダー ……………………………………………三山　雅子…　57
4　「女性活躍社会」の下での母子家庭の母の労働と生活…中囿　桐代…　80
　　──強制される就労と貧困──

投稿論文 ───────────────────────────── 105

1　大阪府における地域雇用政策の生成に関する
　　歴史的文脈の分析 ……………………………………筒井　美紀… 107
　　──就労困難者支援の体系化に対する総評労働運動の影響──
2　上海の大衆寿司店におけるローカル化と
　　「寿司職人」の成立及びその役割 ……………………王　　昊凡… 132

書評 ──────────────────────────────── 159

1　渡辺めぐみ著『農業労働とジェンダー
　　──生きがいの戦略──』 ……………………………大槻　奈巳… 161
2　大槻奈巳著『職務格差
　　──女性の活躍推進を阻む要因はなにか──』 ………佐藤　洋子… 167
3　中嶌剛著『とりあえず志向とキャリア形成』……………橋口　昌治… 172

4 飯嶋和紀著『労働組合職場組織の交渉力
　　——私鉄中国広電支部を事例として——』……………………兵頭　淳史… 177
5 河西宏祐著『電産型賃金の思想』………………………………清山　　玲… 183

日本労働社会学会会則（189）　**編集委員会規程**（192）　**編集規程**（193）
年報投稿規程（193）　**幹事名簿**（196）　**編集後記**（197）

ANNUAL REVIEW OF LABOR SOCIOLOGY
2016, No.27
Contents

Special Issue: The Promotion of Women's Active Participation and Labor in Society

1. "PWCA" 's Impact on 9 Life Insurance Companies Kaoru KANAI
2. Promoting Active Participation by Women in Regional Economy: Focus on the Small-and Medium-sized Enterprises and Coalition for Advancing Women in Fukuoka Tomoko KOMAGAWA
3. Structural Reform, Women's Policy under the Abe Administration and Gender in the Workplace Masako MITSUYAMA
4. Labor and Life of the Single Mother under the Second Abe Administration Kiriyo NAKAZONO

Articles

1. A Historical Analysis of the Creation of the Regional Employment Policies of Osaka Prefecture: The Influence of Labor Movement by Sohyo to the Systematization of Work Support Policies for People having Difficulties in Employment Miki TSUTSUI
2. The Localization of Sushi Restaurants in Shanghai and Chinese Sushi Chefs Haofan WANG

Book Reviews

1. Megumi WATANABE, *Agricultural Work and Gender: In Search of "raison d'être"* Nami OTSUKI
2. Nami OTSUKI, *Gender Gap in Workplace: Factors that Hinder Women Promotion* Yoko SATO
3. Tsuyoshi NAKASHIMA, *For the Time Being Orientation & Career Formation* Shoji HASHIGUCHI
4. Kazunori IIJIMA, *The Bargaining Power of a Workplace-Union Organization* Atsushi HYODO
5. Hirosuke KAWANISHI, *The Theory of the DENSANGATA Wage System* Rei SEIYAMA

The Japanese Association of Labor Sociology

特集 「女性活躍」政策下の労働

1 女性活躍推進法における企業行動　　　　　　　　　　　　　金井　郁
　　──生命保険会社9社を事例に──

2 地域経済における女性活躍推進　　　　　　　　　　　　　　駒川　智子
　　──福岡県の中小企業の取り組みと「女性の
　　　大活躍推進福岡県会議」──

3 構造改革・安倍女性活躍政策と雇用構造・　　　　　　　　　三山　雅子
　　ジェンダー

4 「女性活躍社会」の下での母子家庭の母の　　　　　　　　　中囿　桐代
　　労働と生活
　　　──強制される就労と貧困──

女性活躍推進法における企業行動
――生命保険会社9社を事例に――

金井　郁
(埼玉大学)

はじめに

　本稿では、安倍政権下で推し進められた「女性の活躍推進」の考え方を概観し、その中心的な政策として成立した「女性の職業生活における活躍の推進に関する法律（以下、女性活躍推進法）」によって企業の目標設定や情報公表がどのように行われたのかを中堅・大手の伝統的生命保険会社9社[1]を事例に検討し、同法施行で企業がいかに行動しどのような課題があるのか示唆を得ることを目的とする。

　よく知られているように、安倍政権では経済政策によって「デフレからの脱却と富の拡大」を推し進めるとして、大胆な金融政策によってデフレマインドを脱却し（第1の矢）、機動的な財政政策によって経済対策予算で政府自ら需要を創出し（第2の矢）、民間投資を喚起する成長戦略（第3の矢）を「アベノミクス」[2]と呼び、2012年12月の第2次安倍内閣始動時より推進してきた。経済成長のためには、労働力人口の増加と労働生産性上昇が必要であるとの経済理論を下敷きに、「アベノミクス第3の矢」において労働力人口増加と労働生産性の上昇を目的とする施策を打ち出した。少子高齢化が進む日本で労働力人口を増加させるためには、①少子化対策で出生率を高めるほか、②現状の女性をはじめとした非労働力人口を労働力人口に変えることが目指され、例えば保育所の充実などの施策が検討された。労働生産性向上のためには、③女性の活躍推進のほか、④長時間労働の是正と働き方改革が挙げられ、③や④の結果としても女性労働者の増加や少子化対策に寄与すると考えられている。このような考え方によって、「女性が輝く国」を作ることが成長戦略の中核に位置付けられた。

　日本経済の成長戦略の中核に女性活躍を位置付ける考え方は、皆川（2014a:

4）が指摘するように民主党政権と連続性のあるものとなっている。民主党政権下の2012年6月22日に取りまとめられた「女性の活躍促進による経済活性化行動計画～働く『なでしこ』大作戦」（以下、「働く『なでしこ』大作戦」）では、「我が国経済社会の再生に向け、日本に秘められている潜在力の最たるものこそ『女性』であり、経済社会で女性の活躍を促進することは、減少する生産年齢人口を補うという効果にとどまらず、新しい発想によるイノベーションを促し、様々な分野で経済を活性化させる力となる」として、日本経済社会の再生戦略の一環に女性の活躍を位置付けた。「働く『なでしこ』大作戦」では、①男性の意識改革、②思い切ったポジティブ・アクション（積極的改善措置）、③公務員から率先して取組む、の3本柱で行動計画が取りまとめられた。特に、①や②の具体的施策として「消費者、就職希望者、市場関係者に対し、企業の女性の活躍状況の可視化を促進する取組みを『見える化』総合プランとして2012年末までに策定」することが掲げられており、安倍政権下の女性の活躍状況の「見える化」として注目される取組みが民主党政権下で始動していたことがわかる。

　三浦（2015: 54）は、安倍政権の女性政策を概観し「働きつつ子供を産み育てる母親を政策的に支援していくのと同時に、母親役割を強調することで、性別役割分担には大きな変化をもたらさない形で女性労働の活用を図るという意図が明瞭に見て取れる」とし、女性を政策目的の道具として位置付ける意味での女性の客体化が進んでいると警鐘を鳴らす。こうした安倍政権の女性政策の考え方そのものを批判的に検討することも必要であるが、本稿では安倍政権が推進する女性活躍促進策において、就労の場における実質的なジェンダー平等を促していくための検討課題を抽出するため、安倍政権下で成立した「女性活躍推進法」のもと各企業が実際にどのように行動したのかを検討する。

1．女性活躍推進法の特徴と法成立前の「2020年に指導的地位に占める女性の割合30％」に向けた取組み

　2015年8月に女性活躍推進法が成立し、国・地方公共団体、常時雇用する労働者数が301人以上の一般事業主（民間企業等）は女性の採用・登用等の状況を自

ら把握し、課題を分析した上でその結果を踏まえて、数値目標の設定を含めた行動計画を策定・公表することや女性の活躍状況に関する情報を公表することなどが義務付けられた。[3]

同法は、2014年6月24日に閣議決定された「日本再興戦略改訂2014」で「『2020年に指導的地位に占める女性の割合30％』を達成するために、国、自治体、企業が果たすべき役割を定め、女性の活躍を促進することを目的とする新法の提出に向けて検討を開始する」と明記されたことが直接的なきっかけとなっているが、上述したように内容や議論は民主党政権下の女性政策と連続性がある。

本節ではまず「2020年に指導的地位に占める女性の割合30％」目標がいつ頃どのような形で出され、それに向けた取組みが女性活躍推進法成立以前にいかに遂行されてきたのかを概観し、制定された法律の特徴を整理する。

(1)「2020年に指導的地位に占める女性の割合30％」目標と女性活躍推進法成立前の取組み──ポジティブ・アクションと見える化

「2020年に指導的地位に占める女性の割合30％」という目標は、2012年末総選挙において自民党が「社会のあらゆる分野で2020年までに指導的地位に女性が占める割合を30％以上とする目標（"2020年30％"（にぃまる・さんまる））を確実に達成し、女性力の発揮による社会経済の発展を加速させます」といった「女性力の発揮」を公約に掲げたことや、2013年4月19日に安倍首相が経済団体に対し、「2020年30％」の目標の達成に向けて、全上場企業において積極的に役員・管理職に女性を登用し、役員のうち一人は女性を登用することを要請したこと等で注目を集めた。

しかし、「2020年に指導的地位に占める女性の割合30％」とする目標は、2003年6月の男女共同参画推進本部「女性のチャレンジ支援策の推進について」で「社会のあらゆる分野において2020年までに指導的地位に女性が占める割合が少なくとも30％程度になるよう期待する」とすでに掲げられている。同年に自民党政権下で閣議決定された「経済財政運営と構造改革に関する基本方針2003」においても、「社会のあらゆる分野において2020年までに指導的地位に女性が占める割合が少なくとも30％程度」となるよう言及されている。これらを受け、

特集　「女性活躍」政策下の労働

　2003年7月に内閣府男女共同参画局にポジティブ・アクション研究会が設置され、9回の研究会を開催し、2005年10月に「ポジティブ・アクション研究会報告書」が作成された。同年12月自民党政権下で閣議決定された「第2次男女共同参画基本計画」においても「2020年に指導的地位に占める女性の割合30%」の目標が明記されている。

　さらに、民主党政権下の2010年12月に閣議決定された「第3次男女共同参画基本計画」では、「社会のあらゆる分野において、2020年までに、指導的地位に女性が占める割合が少なくとも30%程度になるよう期待する」という目標の達成に向け、ポジティブ・アクションの推進等による男女間格差の是正、男女間賃金格差の解消、雇用処遇体系の見直し等への取組みが示された。雇用分野では、「企業における女性の採用・登用促進について取組を働きかけ」ることや「男女共同参画の取組に対する表彰」「公共調達等における評価等」「女性管理職のネットワーク支援」「企業におけるポジティブ・アクションの検討」などが掲げられた。「女性の活躍による経済社会の活性化」を推し進めることにも言及しており、具体的施策としては「活躍事例の発信など女性の能力発揮促進のための支援」等を行うとしている。「はじめに」でみた「働く『なでしこ』大作戦」によってポジティブ・アクションや「見える化」が具体的に推し進められ、厚生労働省では、個別企業に対し企業が自社のポジティブ・アクションの取組み状況や、仕事と家庭の両立支援に係る情報を掲載する「女性の活躍・両立支援総合サイト」やポジティブ・アクションに関する総合的な情報提供を行う「ポジティブ・アクション情報ポータルサイト」を立ち上げた。内閣府では、2014年1月に「女性の活躍『見える化』サイト」（役員・管理職の女性比率や女性登用に関する目標のほか、男女別の平均勤続年数、新入社員の定着率、育児休業の取得者数・復職率、月平均残業時間、有休取得率等15項目のデータ公表）が開設された。経済産業省は、2012年度から女性をはじめ多様な人材の能力を活かしてイノベーションの創出、生産性向上等の成果を上げている企業を「ダイバーシティ経営企業100選」[5]として事例を収集し公表している。そのほか、2012年度以降、東京証券取引所と共同で「女性活躍推進」に優れた上場企業を「中長期の企業価値向上」を重視する投資家にとって魅力ある銘柄（「なでしこ銘柄」）として選定し公表している。

このように女性活躍推進法成立以前から、男女共同参画施策の一つの目標である「2020年に指導的地位に占める女性の割合30%」に向けた取組みとして、各企業にポジティブ・アクションを促す取組みや女性活躍に関する状況把握や改善への取組みを促すインセンティブとなるよう「見える化」が進んできていた。しかし、これらはあくまでも企業が「自主的に」取組むことを促す仕組みであった。

（2）女性活躍推進法の特徴

　本項では、女性活躍推進法の一般事業主に関する部分を中心に概観する。女性活躍推進法では、まず自社の女性活躍に関する状況について把握することが義務付けられた。その際、①女性採用比率、②勤続年数の男女差、③労働時間の状況、④女性管理職比率の4項目は、全ての事業主が状況把握することが求められている。そのほか、**表1**に掲げる21項目については、「必要に応じて」把握するとされている。「必要に応じて」把握する21項目には、①必須項目の把握・課題分析に基づいてさらにその原因を深めるための項目と②必須項目以外の課題を明らかにするための項目がある。行動計画の策定に向けた課題分析のために、まず必須項目の状況把握・課題分析を行い、その結果課題であると[6]判断された事項については、さらにそれに関連した任意項目の状況把握・課題分析により、その原因についての検討を深めることが望ましいとされている。

　一般事業主はこれらの状況を把握し分析したうえで、その結果を勘案して行動計画を策定・届出・公表しなければならない。行動計画については、①計画期間、②女性の職業生活における活躍の推進に関する取組みの実施により達成しようとする目標、③実施しようとする女性の職業生活における活躍の推進に関する取組みの内容及びその実施時期を明記することが求められた。

　同法の特徴として、女性の活躍に関して自社内での実態把握や分析、改善計画策定にとどまらず、実態に関する情報公表を求めたことにある。何について情報公表するかは省令で定められ、表1に掲げる14項目のうち1つ以上の公表が義務付けられた。情報公表は求職者の職業選択に資する情報を公表することで女性が活躍しやすい企業ほど優秀な人材が集まり競争力を高められるため、市場を通じた女性の活躍の推進を図る仕組みづくりであるとされている。何を公表して何を

表1　女性活躍推進法における自社の女性活躍に関する状況の把握と情報の公表項目

女性活躍に向けた課題	把握の義務付け	情報の公表	雇用管理区分ごと	事項
採用	★	◎	○	採用した労働者に占める女性労働者の割合
	☆	◎	○	男女別の採用における競争倍率（女性の応募者の数を採用した女性労働者の数で除して得た数及び男性の応募者の数を採用した男性労働者の数で除した数）
	☆	◎	○	その雇用する労働者及びその指揮命令の下に労働させる派遣労働者に占める女性労働者の割合
配置・育成・教育訓練	☆		○	その雇用する労働者の男女別の配置状況
	☆		○	その雇用する労働者の男女別の将来の人材育成を目的とした教育訓練の受講の状況
	☆		○	管理職、男性労働者（管理職除く）及び女性労働者の配置、育成、評価、昇進及び性別による固定的な役割分担その他の職場風土等に関する意識
継続就業・働き方改革	★	◎		その雇用する労働者（期間の定めのない労働契約を締結している労働者に限る）の男女の平均継続勤務年数の差異
	☆	◎		男女別の継続雇用割合
	☆	◎	○	男女別の育児休業取得率（及び平均取得期間）
	☆		○	その雇用する労働者の男女別の職業生活と家庭生活との両立を支援するための制度の利用実績
	★	◎		その雇用する労働者1人当たりの時間外労働及び休日労働の1月当たりの合計時間数
	☆	◎	○	雇用管理区分ごとのその雇用する労働者及びその指揮命令の下に労働させる派遣労働者1人当たりの時間外労働及び休日労働の1月当たりの合計時間数
	☆			その雇用する労働者の男女別の労働基準法第32条の3の規定による労働時間の制度、在宅勤務、情報通信技術を活用した勤務等の柔軟な働き方に資する制度の利用実績
	☆			管理職の各月ごとの労働時間等の勤務状況
	☆	◎		有給休暇取得率
評価・登用	(☆)	◎		係長級にある者に占める女性労働者の割合
	★	◎		管理的地位にある労働者（以下、管理職）に占める女性労働者の割合
	(☆)	◎		役員に占める女性の割合
	☆			各職階の労働者に占める女性労働者の割合及び役員に占める女性の割合
	☆			各事業年度の開始の日における各職階の女性労働者の数に対する当該事業年度の開始の日に属していた各職階から一つ上位の職階に昇進した女性労働者の数のそれぞれの割合及び事業年度の開始の日における各職階の男性労働者の数に対する当該事業年度の開始の日に属していた各職階から一つ上位の職階に昇進した男性労働者の数のそれぞれの割合
	☆		○	その雇用する労働者の男女の人事評価の結果における差異
職場風土・性別役割分担意識	☆			その雇用する労働者及びその指揮命令の下に労働させる派遣労働者のセクシュアルハラスメント等に関する相談窓口への相談状況
再チャレンジ（多様なキャリアコース）	☆	◎	○	その雇用する労働者の男女別の職種の転換又はその雇用する労働者の男女別の雇用形態の転換及びその指揮命令の下に労働させる派遣労働者の男女別の雇入れの実績
	☆	◎		男女別の再雇用又は中途採用（おおむね30歳以上の者を通常の労働者として雇入れる場合に限る）の実績
	☆			その雇用する労働者の男女別の職種もしくは雇用形態の転換をした者、再雇用した者又は中途採用をした者を管理職へ登用した実績
	☆			その雇用する労働者の男女別のキャリアアップに向けた研修の受講状況
取組の結果（進捗）を図るための指標	☆			その雇用する労働者の男女の賃金の差異

注：1　★は把握が義務付けられた必須項目、☆は「必要に応じて」把握する項目。情報の公表は◎の中から「一般事業主が適切と認めるもの」を公表する。○は雇用管理区分ごとの把握や公表が求められている項目である。
　　2　男女別の育児休業の平均取得期間については把握項目のみで情報公表項目には含まれない。
　　3　(☆)は把握の任意項目「各職階の労働者に占める女性労働者の割合及び役員に占める女性の割合」に含まれる。
出所：「女性活躍推進法」省令および第160回労働政策審議会資料より筆者作成。

公表しないかという公表範囲そのものが企業の姿勢を表すものとして、求職者の職業選択の要素になる。省令で列挙された公表項目は、①学生等の求職者が就職希望先として各社を比較検討するためのものなので、求職者にとって評価が容易な項目でその数字の持つ意味がわかりやすいものであること、②情報公表項目が多すぎると企業ごとに多岐にわたる可能性があり比較しにくいため比較可能な項目数であること、③企業ごとに統一的な算出方法で出すことが可能な数値であることの3つの観点から議論され項目が選ばれた。

さらに、行動計画の策定、策定した旨の届出を行った事業主のうち、女性の活躍推進に関する取組みの実施状況等が優良な事業主については、都道府県労働局への申請により、厚生労働大臣の認定を受けられる。認定を受けた事業主は、厚生労働大臣が定める認定マーク（えるぼし）を商品や広告などに付すことができ、女性活躍推進事業主であることをPRして、優秀な人材の確保や企業イメージの向上等につながることが期待されている。

成立に向けて論点となったのは、第1に数値目標の公表義務化についてである。建議の段階では、経営者側の反対により数値目標は各企業の状況に配慮して義務付けを見送ったが、「要綱」の諮問・答申段階で数値目標について公表が義務化され、最終的には「採用する労働者に占める女性職員の割合」「男女の継続勤続年数の差異の縮小の割合」「労働時間」「管理的地位にある労働者に占める女性労働者の割合」、その他の数値を用いて定量的に定めなければならない、とされた[7]。第2に、一般事業主行動計画で定める目標達成について、企業が女性登用の行動計画で定めた目標を達成するよう、新たに努力義務規定が設けられた[8]。目標設定だけでは不十分で実効性を高めるためには目標達成するよう努めることが求められた。

2．女性活躍推進法下での情報公表と目標設定──生命保険業界を事例に検討する

本節では、中堅・大手の伝統的生命保険会社9社を事例に、女性活躍推進法施行によって企業がいかに情報を公表し、目標設定しているのかを検討する。同法施行は2016年4月であり、本稿執筆時点では施行後2ヶ月程度しか経っていないため、厳密な評価をするのは早計といえるが、見える化の取組みはその前から始

まっており、同法施行で企業がいかに行動するのか、どのような検討課題があるのかなどについて最小限の示唆を得ることは可能だと考える。そこでまず、伝統的生命保険業界の特徴を概観したうえで、各企業の項目公表の状況、数値目標や取組み内容について検討する。後述するように中堅・大手の伝統的生命保険会社9社は、従業員の女性比率が非常に高い一方でキャリア展開に上限のない女性総合職比率や女性管理職比率が低いのが特徴である。さらに、日本では生命保険業は企業数が限られ他産業に比べると企業間の規模やビジネス展開の類似性が高いのも特徴といえる。

(1) 日本の伝統的生命保険会社の特徴

伝統的生命保険会社の従業員の属性や規模の特徴を見てみよう。第1に、生命保険の営業職員たちは正社員と呼ばれるものの、日本で一般的に考えられている正社員とは大きく異なっているだけでなく、雇用と自営双方の性格を併せ持つことが挙げられる。営業職の雇用実態をみると、年金・健康保険・雇用保険・労災に雇用者として社会保険適用され、さらに労働組合にも加入するなどの特徴を持つ一方で、採用は新卒中心ではなく中途採用中心で、リクルート方法も営業職員たちのネットワークを活用することが多い。中途採用にもかかわらず、職業経験は問われず、人柄や外見が重視されることが多い。報酬は、基本的には一定期間を過ぎたら固定給部分が少額となり、歩合給のウェイトが高くなるような体系となっている。雇用保障は成績に依存し成績がクリアできない者は離職せざるを得ず、実質的に保障されないに等しい。そのために離職率が非常に高い（金井 2014）。第2に、従業員のなかでは圧倒的に営業職員数が多く、さらに伝統的生命保険会社では営業職に占める女性割合が非常に高い。第3に、内勤職員の男女比はほぼ半数であるが、2015年には女性が56.5%となり女性比率が若干高くなっている。

1～3の特徴をまとめると、日本の伝統的生命保険企業では生命保険ビジネスにおいて量的にも質的にも核心的な職務である営業にいわゆる日本的雇用システムにおける正社員とは異なる大量の非典型の女性が雇用されている。また、大同生命を除いて従業員の8～9割を女性が占め、中でも女性営業職のボリュームが圧倒的に高い（図1）。一方で、あとで詳しく見るように2016年3月末時点で公

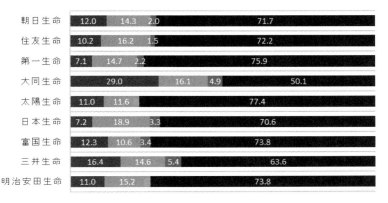

図1　中堅・大手の伝統的生命保険会社9社の職種・男女別の従業員構成（％）
出所：生命保険協会「生命保険事業概況」2014年度版より作成。

表されている女性管理職比率は1～2割の会社が多く、従業員に占める女性比率の高さを考えると女性管理職比率が低い。

　両立支援策など制度面での取組みは進んでいる。2012年度のダイバーシティ経営企業100選に第一生命、2014年度に日本生命と明治安田生命、2015年度に住友生命が選ばれ、なでしこ銘柄には株式会社の第一生命が2014年度に選出されている。また、厚生労働省が実施する「均等・両立推進企業」の表彰事業でも多くの伝統的生命保険会社が受賞している。例えば、2010年度の均等推進企業部門で厚生労働大臣優良賞に朝日生命、住友生命、2011年度のファミリー・フレンドリー企業部門厚生労働大臣優良賞に第一生命、2013年度の同賞に明治安田生命、2014年度の同賞に住友生命が受賞している。

(2)「女性の活躍推進企業データベース」における中堅・大手伝統的生命保険会社の情報公表

　厚生労働省サイト内の「女性の活躍推進企業データベース」では、女性活躍推進法で定められた以下の情報公表項目に従って、各企業が自主的に公表することができる。項目は、1.採用した労働者に占める女性労働者の割合、2.(1)採用

特集 「女性活躍」政策下の労働

における男女別の競争倍率又は（2）採用における競争倍率の男女比（男性の倍率を1としたときの女性の倍率）、3. 労働者に占める女性労働者の割合、4.（1）男女の平均継続勤務年数の差異又は（2）男女別の採用10年前後の継続雇用割合、5. 男女別の育児休業取得率、6. 1ヶ月当たりの労働者の平均残業時間、7. 雇用管理区分ごとの1ヶ月当たりの労働者の平均残業時間、8. 年次有給休暇の取得率、9. 係長級にある者に占める女性労働者の割合、10. 管理職に占める女性労働者の割合、11. 役員に占める女性の割合、12. 男女別の職種又は雇用形態の転換実績、13. 男女別の再雇用又は中途採用の実績、14. データの対象、15. データ更新時点、16. 備考欄（定義以外の数値を掲載した場合の数値の定義、その他注記）である。

表2 「女性の活躍推進企業データベース」での情報掲載の有無

企業名	1.採用した労働者に占める女性労働者の割合	2.(1) 採用における男女別の競争倍率又は(2) 採用における競争倍率の男女比（男性の倍率を1としたときの女性の倍率）	3.労働者に占める女性労働者の割合	4.(1)男女の平均継続勤務年数の差異又は(2)男女別の採用10年前後の継続雇用割合	5.男女別の育児休業取得率	6. 1ヶ月当たりの労働者の平均残業時間	長時間労働是正のための取組み
朝日生命保険相互会社	×	×	×	(1)	×	○	×
住友生命保険相互会社	×	×	○	(1)	×	○	×
第一生命保険株式会社	○	×	○	(1)	○	○	○
大同生命保険株式会社	○	○	○	(1)	○	○	○
太陽生命保険株式会社	○	○	○	(1)	○	○	○
日本生命保険相互会社	○	(1)	○	(1)	○	○	○
富国生命保険相互会社	×	(1)	○	(1)	×	○	○
三井生命保険株式会社	×	×	○	(1)	×	×	×
明治安田生命保険相互会社	○	(1)	○	(1)及び(2)	○	○	○

注：1 大同生命の7. 雇用管理区分ごとの1ヶ月当たりの労働者の平均残業時間の記載はあるが雇用管理区分ごとではなく6と同じであるため×とした。
　　2 (1)、(2)など記入した箇所は、記載があった項目番号である。
出所：厚生労働省「女性の活躍推進企業データベース」2016年6月3日時点より筆者作成。

同データベースは産業ごと、企業規模ごと等で企業間比較が容易にできる仕組みとなっている。

随時情報を更新できるようになっており、他社の状況等をみながら今後さらに情報公表が進むものと見られるが、2016年6月3日時点における同サイト内で中堅・大手の伝統的生命保険会社9社の情報掲載項目を比較したものが**表2**である。記載があったものは内容にかかわらず○を、なかったものには×を記した(9)。これによると、全9社が掲載しているのは「4.(1)男女の平均継続勤務年数の差異」と「10.管理職に占める女性労働者の割合」で、1社以外の8社が掲載しているのが「3.労働者に占める女性労働者の割合」と「6.1ヶ月当たりの労働者の平均残

7.雇用管理区分ごとの1ヶ月当たりの労働者の平均残業時間	8.年次有給休暇の取得率	9.係長級にある者に占める女性労働者の割合	10.管理職に占める女性労働者の割合	11.役員に占める女性の割合	12.男女別の職種又は雇用形態の転換実績	13.男女別の再雇用又は中途採用の実績	14.データの対象	15.データ更新時点
×	○	×	○	○	×	×	単体	平成28年3月28日
×	×	×	○	○	○	○	単体	平成28年3月
○	○	○	○	○	×	×	連結	平成27年4月1日
×	○	○	○	○	○	○	単体	平成28年3月31日
×	×	×	○	○	○	○	単体	平成28年3月30日
○	○	○	○	○	○	○	単体	平成28年3月28日
○	×	×	○	×	○	○	単体	平成27年度
×	×	×	○	×	×	×	単体	平成28年4月1日
○	×	×	○	○	○	×	単体	平成28年3月24日

特集　「女性活躍」政策下の労働

業時間」である。ただし、「3. 労働者に占める女性労働者の割合」は図1で筆者が作成しているように、他媒体でディスクローズされている情報であるため、残り1社が情報公表を意図的にしないわけではないと考えられる。4番、6番、10番の3項目については、1節で見たように女性活躍推進法で把握が義務付けられた必須項目でその影響が見られる。逆に最も公表が進んでいない項目は、「9. 係長級にある者に占める女性労働者の割合」で9社中2社しか掲載しておらず、「2.（1）採用における男女別の競争倍率又は（2）採用における競争倍率の男女比（男性の倍率を1としたときの女性の倍率)」は9社中3社が掲載するにとどまっている。

　項目ごとに記載内容を見てみよう。表3は「採用した労働者に占める女性労働者の割合」と「採用における男女別の競争倍率」である。「採用した労働者に占める女性労働者の割合」は把握が義務付けられた必須項目であるが掲載している会社は9社中6社である。上述したように伝統的生命保険会社では、営業職の9割以上を女性が占め、内勤職の約半数を女性が占めているが、採用についても同様の傾向が見られる。大同生命だけは全雇用管理区分での採用における女性比率を公表しており、全国型の内務職員の採用における女性比率が26%と低く、非正規雇用も含めてそれ以外の雇用管理区分の採用ではほぼ100%を女性が占めていることがわかる。内勤職の雇用管理区分ごとの採用に占める女性割合は把握の義務付けがされている項目なので、各企業内では情報蓄積されていると考えられるが、公表している企業は9社中2社と少ない。

　「採用における男女別の競争倍率」は、9社中3社が掲載している。金井(2014)で明らかにしているように営業職についてはむしろ採用が困難であり、女性営業職の採用倍率を掲載する2社の倍率も低い[10]。内勤職の男女別採用倍率を掲載している3社では、男性の方が採用の競争倍率が高い企業、女性の方が高い企業、ほぼ変わらない企業と傾向は見られないが、男女間の倍率に大きな差はない。しかし、内勤職を合算して算出しているので総合職、一般職等雇用管理区分別の採用の競争倍率の掲載が望まれる。

　表4は「労働者に占める女性労働者の割合」で9社中8社が掲載している。特に非正規雇用についても8社が女性割合を掲載していることが注目されるが、内

女性活躍推進法における企業行動

表3 採用した労働者に占める女性労働者の割合（％）・採用における男女別の競争倍率

企業名		朝日生命	住友生命	第一生命	大同生命	太陽生命	日本生命	富国生命	三井生命	明治安田生命
1. 採用した労働者に占める女性労働者の割合	基幹的な職種/正社員			基幹職掌 営業職員 有期雇用職員	内務職員（全国型） 内務職員（地域型） 契約職員 派遣社員 営業職員	総合職 一般職	内勤職員 営業職員			内勤職員 契約社員 アドバイザー
	女性			57.9 99.3 90.8	26 100 100 100 97	31.3 100	64.7 99.2			52.6 100 100
2.(1) 採用における男女別の競争倍率	基幹的な職種/正社員						内勤職員 営業職員	内勤職員 お客さまアドバイザー		内勤職員
	男性						45.6倍 33.2倍	15.6倍 7.2倍		91倍
	女性						30.7倍 2倍	15.7倍 1.3倍		111倍

出所：厚生労働省「女性の活躍推進企業データベース」2016年6月3日時点より筆者作成。

表4 労働者に占める女性労働者の割合（％）

企業名		朝日生命	住友生命	第一生命	大同生命	太陽生命	日本生命	富国生命	三井生命	明治安田生命
3. 労働者に占める女性労働者の割合	基幹的な職種/正社員		事務系職員（★オフィスパートナー等含む） 営業職員	基幹職掌 営業職員 有期雇用職員	内務職員（全国型） 内務職員（地域型） 契約職員 派遣社員 営業職員	総合職 一般職 非正規	内勤職員 営業職員 有期雇用職員	内勤職員 パート 派遣スタッフ お客様アドバイザー	内勤職員 営業職員 有期雇用職員	内勤職員 契約社員 アドバイザー 派遣
	女性		61.4 98	59.4 97.1 86.2	8 92.2 100 100 91.7	3 99.9 100	61.3 95.7 96.5	44.4 98.8 95.7 95.6	46.4 99.7 89.9	45.5 99.9 100 100

出所：厚生労働省「女性の活躍推進企業データベース」2016年6月3日時点より筆者作成。

特集 「女性活躍」政策下の労働

勤職の雇用管理区分別の女性労働者割合を掲載しているのは大同生命と太陽生命の2社だけである。同2社を見ると顕著だが、いわゆる全国転勤がある雇用管理区分の女性比率が1桁台となっておりキャリア展開に上限がないと考えられる雇用管理区分にいる女性が極めて少ないことが示唆される。

表5は「男女の平均継続勤務年数の差異又は男女別の採用10年前後の継続雇用割合」で「男女の平均継続勤務年数の差異」については全9社が、「男女別の採用10年前後の継続雇用割合」については1社が掲載している。内勤職員の平均勤続年数を見ると、男性では3社で20年を超え、女性の最も短い企業でも13.6年と、男女ともに日本の平均勤続年数に比べて長い。男女の差は最大でも住友生命の約6年で、逆に太陽生命では女性が男性を上回っている。ただし、採用10年前後の男女別の継続雇用割合を唯一掲載している明治安田生命を見ると、平均勤続年数では男性19.9年、女性16.5年で約3年の差であるが、採用10年前後の雇用継続割合では男性で68.6%と7割近くが継続している一方、女性では30%と2倍以上の差がある。同一企業における長期キャリアの中で職務経験を積み管理職となっていく日本的雇用システムを前提とすると、10年程度の雇用継続率が3割と低くなる女性では、管理職となりうる長期雇用の労働者の母数そのものが低いことがわかる。このようなことを把握するには、平均勤続年数だけでなく「男女別の採用10年前後の継続雇用割合」が必要である。

表6は、「男女別の育児休業取得率」で9社中5社が掲載している。男性について見ると、最も低い明治安田生命でも内勤職員28.8%、ほか4社では第一生命55.3%、太陽生命60.7%、日本生命82.9%、大同生命100%と50%を超えており、日本の平均的な男性の育児休業取得率2.3%[11]と比べると驚異的な高さを誇っている。これは同業界の労使をあげて、男性の育児休業取得に力を入れて取組んでいる結果だといえる。ただし、男性の育休「取得率」向上のため男性が取得しやすいよう短期間での育休取得が奨励されている側面があり、男性の育休取得期間は女性と比べると短い[12]。男性の育休取得を促す第1歩として成果を上げているが、今後の各社のさらなる取組みが注目される。

表7は「雇用管理区分ごとの1ヶ月当たりの労働者の平均残業時間」を見たもので、基幹的な職種については9社中8社が、そのほかの雇用管理区分について

表5　男女の平均継続勤務年数の差異（年）又は男女別の採用10年前後の継続雇用割合（％）

企業名		朝日生命	住友生命	第一生命	大同生命	太陽生命	日本生命	富国生命	三井生命	明治安田生命
4.(1) 男女の平均継続勤務年数の差異又は(2) 男女別の採用10年前後の継続雇用割合	(1)/(2)	―	(1)	(1)	(1)	(1)	(1)	(1)	(1)	(1)/(2)
	基幹的な職種/正社員/対象とする全て	基幹的な職種	事務系職員 営業職員	基幹職掌 営業職員 ※4期間の定めのない労働契約を締結している労働者を対象	内務職員	基幹的な職務	内勤職員 営業職員	内勤職員 お客様アドバイザー	内勤職員 営業職員 有期雇用職員	内勤職員
	男性	23.3	（事務）20.4 （営業）20.2	基幹 20.8 営業 18.7	17.1	16.5	16.9 18.4	17.2 11.5	19.8 3.5 5.5	19.9年 68.6%
	女性	19.8	（事務）14.7 （営業）13.1	基幹 16.1 営業 10.8	14.9	19.3	16.9	13.9 9.2	16.5 13.6 8.2	16.5年 30%

出所：厚生労働省「女性の活躍推進企業データベース」2016年6月3日時点より筆者作成。

表6　男女別の育児休業取得率（％）

企業名		朝日生命	住友生命	第一生命	大同生命	太陽生命	日本生命	富国生命	三井生命	明治安田生命
5. 男女別の育児休業取得率	育休/その他			育児休業	育児休業	その他 ※育児休業の他、育児を目的とする休暇取得を含める	育児休業			育児休業
	基幹的な職種/正社員/対象とする労働者全て			基幹職掌 営業職員	内務職員	内務職員	内勤職員 営業職員 有期雇用職員			内勤職員 契約社員 アドバイザー
	男性			55.3 ― ★営業職員の男性については育児休業の対象者なし	100	60.7	82.9 70.9			28.8 ―
	女性			100.9 96.8	98.5	97.1	97.9 90.6 93.8			96.9 100 100

出所：厚生労働省「女性の活躍推進企業データベース」2016年6月3日時点より筆者作成。

特集　「女性活躍」政策下の労働

表7　雇用管理区分ごとの1ヶ月当たりの労働者の平均残業時間

企業名		朝日生命	住友生命	第一生命	大同生命	太陽生命	日本生命	富国生命	三井生命	明治安田生命
6．1ヶ月当たりの労働者の平均残業時間	基幹的な職種/対象正社員	その他※専門業務型裁量労働制及び企画型裁量労働制の適用を受ける労働者以外の労働者	正社員	基幹的な職種	基幹的な職種	基幹的な職種	その他※対象全労働者	正社員※2014年度実績		内勤職員
	平均残業時間	0.8時間	10時間	7.6時間	9.5時間	4時間	10.7時間	9.2時間		9.8時間
7．雇用管理区分ごとの1ヶ月当たりの労働者の平均残業時間				基幹職掌有期雇用職員	内務職員		内勤職員営業職員有期雇用職員	内務職員派遣スタッフ		内勤職員契約社員アドバイザー
				7.6時間 1.1時間	9.5時間		11.4時間 5.6時間 3.6時間	9.2時間 3.4時間 (2014年度実績)		9.8時間 2時間 0.6時間

出所：厚生労働省「女性の活躍推進企業データベース」2016年6月3日時点より筆者作成。

は9社中4社が掲載している。日本生命10.7時間、住友生命10時間の2社を除いて、ほかの掲載企業6社の1ヶ月当たりの基幹的な労働者の平均残業時間は10時間未満と長くない。しかし、この「1ヶ月当たりの労働者の平均残業時間」は、「1年間の対象労働者の法定時間外労働及び法定休日労働の総時間数の合計」÷12ヶ月÷「対象労働者数」もしくは上記により難い場合は、「(1年間の対象労働者の総労働時間数の合計) －（1年間の法定労働時間＝40×1年間の日数÷7×対象労働者数)」÷12ヶ月÷「対象労働者数」で計算され、「対象労働者」から①事業場外みなし労働時間制の適用を受ける労働者（労働基準法第38条の2)、②管理監督者等（労働基準法第41条)、③短時間労働者（パートタイム労働法第2条)、④専門業務型裁量労働制の適用を受ける労働者（労働基準法第38条の3)、企画業務型裁量労働制の適用を受ける労働者(労働基準法第38条の4)を除いている。そのため、営業職員に関しては①に該当する者、内勤職員に関しては②及び④に該当する者が多いと考えられるほか、長時間労働者が一部の雇用管理区分に偏っている場合対象労働者で割ることは、実態としての各人の総労働時間を把握できて

女性活躍推進法における企業行動

いない可能性がある。平均残業時間についても少なくとも雇用管理区分別の把握・掲載が求められるが、この点については本稿の終わりに課題として検討する。

表8は「年次有給休暇の取得率」で9社中4社が掲載している。内勤職で見ると5〜6割台となっており、大同生命のみが営業職員についても記載しており、78.5%と内勤職員に比べて20%程度高くなっている。

表9は「係長級にある者/管理職/役員に占める女性の割合」で、「管理職に占

表8　年次有給休暇の取得率（％）

企業名		朝日生命	住友生命	第一生命	大同生命	太陽生命	日本生命	富国生命	三井生命	明治安田生命
8. 年次有給休暇の取得率	基幹的な職種/正社員/対象とする労働者すべて	基幹的な職種		基幹的な職種	内務職員 営業職員		対象とするすべての労働者			
	有給休暇取得率	51.9		66	56 78.5		57.7			

出所：厚生労働省「女性の活躍推進企業データベース」2016年6月3日時点より筆者作成。

表9　係長級にある者／管理職／役員に占める女性の割合（％）

企業名		朝日生命	住友生命	第一生命	大同生命	太陽生命	日本生命	富国生命	三井生命	明治安田生命
9. 係長級にある者に占める女性労働者の割合	割合/人数			73.2（3,562人）(係長級全体4,867人)			67.9			
10. 管理職に占める女性労働者の割合	割合/人数	14.6（180人）(管理職全体1,230人)※「管理職」は、部下を持つ職務以上の者、部下を持たなくてもそれと同等の地位にある者	29 ※「管理職」は、部下を持つ職務以上の者、部下を持たなくてもそれと同等の地位にある者	22.5（808人）(管理職全体3,588人)	12.3	19.4（女性149人、男女計768人）	13.7	3.8	6.7	17.9（212人）(管理職全体1187人)
11. 役員に占める女性の割合	割合/人数	3.7（1人）(役員全体27人)※「役員」は、取締役、執行役員、監査役	5.8（2人）役員全体35人	9.5（2人）(役員全体21人)	0	0	4.5			8.3（3人）(役員全体36人)※「役員」は、取締役、執行役。2015年度の数値。

出所：厚生労働省「女性の活躍推進企業データベース」2016年6月3日時点より筆者作成。

める女性割合」は全9社が掲載、「役員に占める女性割合」は7社が掲載しているが、「係長級にある者に占める女性割合」は2社のみで掲載率が低い。同2社では、係長級の女性割合がともに73.2％、67.9％と高いが、従業員の女性比率からみるとそれでもまだ低いといえる。「管理職に占める女性割合」をみると富国生命と三井生命が一割以下、朝日生命、大同生命、太陽生命、日本生命、明治安田生命は1割台、第一生命が22.5％、最も高い住友生命が29％となっている。

「役員に占める女性比率」では、最も高い第一生命で9.5％、太陽生命、大同生命では0人となっている。3項目全てが掲載されている第一生命と日本生命を見ると、係長級では女性が7割前後占めているが管理職では50ポイント以上その比率を下げ、さらに役員では10ポイント比率が下がる。女性が係長級から課長級の管理職になるのに高い壁があるといえる。

ここでの管理職とは、「課長級」と「課長級より上位の役職（役員を除く）」にある労働者の合計をいう。課長級とは①事業所で通常「課長」と呼ばれている者であって、その組織が2係以上からなり、若しくは、その構成員が10人以上（課長含む）のものの長、又は②同一事業所において、課長の他に、呼称、構成員に関係なく、その職務の内容及び責任の程度が「課長級」に相当する者（ただし、一番下の職階ではないこと）とされている。そのため、各社で「管理職」の捉え方が異なっている可能性がある。この点についても本稿の終わりに課題として検討する。

表10は「男女別の職種又は雇用形態の転換実績」で、9社中7社が掲載している。非正規から正規の転換について記載しているのが5社、正社員内での雇用管理区分の転換は5社が記載している。

表11は、「男女別の再雇用又は中途採用の実績」であるが、9社中4社が掲載している。ただし、住友生命、日本生命の数を見ると営業職員の採用を中途採用にカウントしていると考えられ、このカウント方法であれば全9社が該当することになるため雇用管理区分ごとの把握が求められる。

(3) 伝統的生命保険業界の中堅・大手9社の女性活躍推進目標と取組み内容

本項では、中堅・大手の伝統的生命保険会社9社の女性活躍推進法に基づく一

表10　男女別の職種又は雇用形態の転換実績（人）

企業名	朝日生命	住友生命	第一生命	大同生命	太陽生命	日本生命	富国生命	三井生命	明治安田生命
転換内容		パート→正社員		**職種転換** 全国型→地域型地域型→全国型※コース変更(全国型⇔地域型)の合計 **雇用形態転換** 契約→内務 派遣→契約	総合職→エリア総合職 エリア総合職→総合職 一般職→エリア総合職	その他※ 営業職員→拠点管理職・営業総合職他	一般職→総合職 パート→正社員 派遣→一般職	**雇用形態転換** 有期雇用社員	**職種転換** 内勤職員 **雇用形態転換** 契約社員 アドバイザー 派遣社員
男性		2		41 1 0 0	1 5 0	3	0 0 0	0	1 — —
女性		14		5 5 8 197	1 6 6	61	2 70 26	58	2 54 16 232

出所：厚生労働省「女性の活躍推進企業データベース」2016年6月3日時点より筆者作成。

表11　男女別の再雇用又は中途採用の実績

	企業名	朝日生命	住友生命	第一生命	大同生命	太陽生命	日本生命	富国生命	三井生命	明治安田生命
13. 男女別の再雇用又は中途採用の実績	再雇用/中途採用		中途採用		**再雇用** ※育児などを理由として退職した従業員を再雇用する「ジョブリターン制度」利用者の合計 **中途採用**	中途採用	中途採用			
	男性		19		0 3	2	9			
	女性		3,345		3 16	3	7,323			

出所：厚生労働省「女性の活躍推進企業データベース」2016年6月3日時点より筆者作成。

般事業主行動計画を概観し、行動計画の特徴について検討する。上述したように女性活躍推進法では、①計画期間、②女性の職業生活における活躍の推進に関する取組みの実施により達成しようとする目標、③実施しようとする女性の職業生活における活躍の推進に関する取組みの内容及びその実施時期を明記する行動計画の提出と公表が求められている。この3つの項目以外に、9社中6社が「当社の課題」といった項目を追加して行動計画を作成していた。そこで、**表12**に①計画期間、②当社の課題、③目標を、**表13**に④取組み内容と実施時期を示す。

まず、各社の計画期間は、2年～5年の計画となっている。目標は、全9社が管理職に占める女性労働者の割合の数値目標を掲げている。現在の女性管理職比率の値と目標値、計画期間を比べてみると、[14] 朝日生命は5年間で2倍、住友生命は5年間で1.13倍、第一生命は2年間で1.11倍、大同生命は4年間で1.22倍、太陽生命は2年間で1.03倍、日本生命は4年間で1.46倍、富国生命は5年間で1.5倍（人数比）、三井生命は5年間で2.99倍、明治安田生命は4年間で1.68倍となっている。計画期間が短いところでは目標設定の数値が低くなっているほか、現在の数値が29%と最も高い住友生命でも計画期間は最大の5年だが目標値の増加率は低い。一方、現在の女性管理職比率が3.8%と最も低い富国生命では他8社とは異なり目標値自体を人数比で1.5倍と立てているほか、6.7%の三井生命が最も増加率の高い目標を立ている。そのほか、朝日生命では「採用者に占める女性比率」、「有給休暇の年間取得日数」、「女性の営業職従事者の増加」の目標値を挙げ、女性管理職比率の目標も現在から2倍高く設定している。

表13は、女性活躍推進法における「一般事業主行動計画」に掲載されている各社の取組み内容と実施時期である。継続取組みは行動計画に記載されていても紙幅の都合上割愛し、新規の取組み内容についてのみ記した。そのため、取組みが進んでいてすでに過去に行ってきたものは記していないため、各社の進捗度合いを表すものではない。

女性たちのチャレンジ意欲やキャリアアップ意欲など女性の意欲を醸成することが課題だと3社（朝日生命、三井生命、明治安田生命）が挙げているが、研修やジョブローテーションを含めた育成体制、上司である管理職の女性に対する意識や育成、長時間労働等の「環境」が女性の意欲に影響を与えていると分析し、

表12 女性活躍推進法における「一般事業主行動計画」の計画期間と目標

	1 計画期間	期間	2 当社の課題	管理職に占める女性の割合	3. 目標
朝日生命	2016年4月1日～2021年3月31日	5年間	・キャリアアップに対する意識向上に向けては段階に応じた育成プログラム等による意識の醸成が重要 ・上位職位へのチャレンジ意識を向上させるために、さらなる働く環境の整備が必要 ・活躍の領域と視野を広げるため、従来男性が中心の営業職務等を含めた幅広い業務を経験することが必要	14.6% ※「管理職」は、部下を持つ職務以上の者、部下を持たなくてもそれと同等の地位にある者	・管理職（リーダー職）に占める女性の割合を30％程度とする ・採用者に占める女性比率を30％以上とする（2017年度～2021年度採用における平均値） ・男女ともに有給休暇の年間取得日数を16日間とする ・女性の営業職務従事者を2015年度比50％増とする
住友生命	2016年4月1日～2021年3月31日	5年間		29% ※「管理職」は、部下を持つ職務以上の者、部下を持たなくてもそれと同等の地位にある者	2020年度末の女性管理職登用目標を以下のとおりとする。 ・内部管理職制　21％以上 ・営業管理職制　42％以上 ・合計33％以上
第一生命	2016年4月1日～2018年3月31日	2年間	労働者に占める女性労働者の割合は多いものの、管理職に占める女性割合が低い	22.5%	2018年4月に管理職（課長級以上）に占める女性割合を25％以上にする
大同生命	2016年4月1日～2020年3月31日	4年間	・女性の挑戦 ・成長意欲の向上や両立支援に向けたこれまでの取組の結果、各種制度の充実をはじめ、女性活躍に向けた態勢は整備済 ・当社職員の4割を占める女性職員の更なる活躍を図るため、各種両立支援制度を利用しやすい環境づくりや管理職候補者の育成等に継続して取組む	12.3%	女性管理職比率を平成32年4月までに15％以上（平成25年の2倍）とする。
太陽生命	2016年4月1日～2018年3月31日	2年間	・多様な人材が働きやすい職場環境の整備に継続して取り組む ・女性のさらなる活躍に向けて、キャリア形成支援等に継続して取組む。	19.4%	女性管理職比率を平成30年4月（2018年4月）までに20％以上とする。
日本生命	2016年4月1日～2020年3月31日	4年間		13.7%	女性管理職の比率を2020年代に30％とすることを目指し、2020年度始に20％以上とします。
富国生命	2016年4月1日～2021年3月31日	5年間	課題1：管理職に占める女性割合を増やす 課題2：係長級の女性を増やす	3.8%	女性管理職（課長級以上）の人数を1.5倍にする 内勤：係長級以上の女性を100名以上にする お客様アドバイザー：女性営業所長を30名にする
三井生命	2016年4月1日～2021年3月31日	5年間		6.7%	2020年度末に女性管理職比率を20％以上とします。
明治安田生命	2016年4月1日～2020年3月31日	4年間	課題1：女性のキャリアアップ意欲が男性と比較すると低位である 課題2：女性に対する管理職の育成意識に格差がある 課題3：長時間労働の常態化が管理職への挑戦意欲の阻害要因となっている	17.9%	管理職に占める女性割合を30％程度とする

出所：各社の女性活躍推進法における「一般事業主行動計画」より作成。

表13（3-1） 女性活躍推進法における「一般事業主行動計画」の取組み内容と実施時期

	4．取組内容と実施時期
朝日生命	**取組1：チャレンジ意欲の醸成等を目的とした「次期リーダー候補者を対象とした育成プログラム」の実施** ・平成28年4月～　所属から次期リーダー候補者の女性職員を選抜 ・平成28年6月～　次期リーダー候補者を一堂に会し、意識・行動変革に向けてキャリアサポートフォーラムを開催 ・平成28年7月～　社外eラーニング、通信教育の受講 ・平成28年7月～　キャリアアップをサポートする面談の実施 **取組2：意識醸成・能力開発を目的とした「女性職員の体系的な育成プログラム」の実施** ・平成28年4月～　各リーダーを対象とした研修の実施 ・平成28年6月～　入社8年目の総合職を対象とした研修 ・平成28年6月～　入社1・2年目の一般職を対象とした研修（入社1年目：10月、入社2年目：6月） ・平成28年6月～　入社3年目の一般職及び契約社員からの正社員登用者を対象とした研修 ・平成28年9月～　女性上級管理職を対象とした研修 ・平成28年12月～入社3年目の総合職を対象とした研修 ＊職位別の実施、公募等により全職員が研修に参加可能 **取組3：次期リーダー候補となる優秀な人材確保や競争力の強化に向けた新たな採用の取組み** 以下について、平成28年度より実施 ・女性応募者を対象とした「女性職員の働き方の相談会（仮称）」を随時開催 ・女性応募者に対して特定の先輩職員が当社の窓口として就職活動の相談相手となり、当社への理解を深める ・入社案内や採用ホームページ等に掲載する先輩職員紹介の女性割合を高め、幅広く活躍できることを伝える **取組4：社内公募制度（ジョブ・トライ・システム）の活用を継続促進** ＊「社内公募制度（ジョブ・トライ・システム）」とは自らが希望する「職務」「役職」を自由に選択し応募できる制度 ・当制度のさらなる活用を促進することで、自主的に行動できる人材育成の促進ならびに職務領域の拡大につなげる **取組5：管理職を対象とした「女性活躍推進セミナー」の実施** ・平成28年度より年2回開催 ・女性の活躍をサポートすべく、管理職のさらなる意識の向上を図る **取組6：男女ともにイキイキと働くための労働環境のさらなる整備** ・計画的な有給休暇取得促進を継続実施（事前に休暇を登録申請する「計画年休制度」の活用徹底） ・平成28年度より、現在実施している毎週水曜日の「ノー残業デー」のうち月1回を管理職が率先して定時退社する「イクボスデー」として設定（本社：第1水曜日、支社・営業所：第2水曜日）
住友生命	●採用に関する取組み 　2016年4月から　：就職サイトや採用ホームページを中心としたWEB上での広報強化 　2016年4月から　：各種セミナー、インターンシップの積極開催 ●就業継続に関する取組み 　2016年4月から　：育児休業の取得を促進する施策の実施・積極推進 　2016年4月から　：ライフスタイルの変化に応じた両立支援制度の利用促進 ●長時間労働等の働き方改革に関する取組み 　2016年4月から　：所定外労働の削減・休暇取得の更なる推進に向けた諸対応の実施 　2016年4月から　：男性の家事・育児参加促進 　2016年4月から　：タイム・マネジメント推進による働き方変革（ワークスタイル・イノベーション）の推進 ●女性管理職の育成に関する取組み 　2016年4月から　：管理職を目指すための集合研修の実施 　2016年4月から　：管理職育成のための個別キャリア・プランの作成と活用

表13（3-2）

第一生命	2016年4月～	女性リーダー育成に向けた階層別能力開発体系の強化策を検討、所属による個別育成計画の策定と人事部との共有、階層別施策の実施
	2016年9月～	半期の振り返り、課題の抽出
	2016年12月～	次年度に向けた検証、さらなる施策の充実・強化策の検討
	2017年2月～	2017年4月の女性管理職比率（見込み）の算出、課題検証
	2017年4月～	更なる階層別能力開発体系の強化策の検討 所属による個別育成計画の策定と人事部との共有、階層別施策の実施
	2017年9月～	半期の振り返り、課題の抽出
	2017年12月	次年度に向けた検証、更なる施策の充実・強化策の検討
	2018年2月～	2018年4月の女性管理職比率（見込み）の算出、課題検証

大同生命	【取組1：両立支援と働き方の刷新】＊平成28年度実施の新たな取組み ・業務効率化・業務仕分けに向けた「ワクワク業務削減ワーキング・グループ」の設置 ・「朝方勤務・ゆう活」の推進 ・介護支援制度の拡充 ・マタハラ研修の導入 ・メンター制度の導入 ・ストレスチェック制度の導入 ・制度利用者がいる職場に、全員で業務を見直し定期的に状況を確認する「D-COOPサイクル」の導入 【取組2：キャリア開発・形成支援】＊平成28年度実施の新たな取組み ・「チャレンジキャリア制度」の新設（＊従業員のキャリア形成を支援する制度として、これまでのキャリアの枠を超えた幅広い業務経験を通じた人材力向上の機会を提供。国内外の企業や団体への派遣する「社外派遣」や、公募された職務や職位にチャレンジする「ジョブチャレンジ」、本社部門や支社営業の業務にチャレンジする「社内インターンシップ（長期・短期）」などを用意。 ・「女性営業担当者研修」等、異業種との研修機会の拡大 ・「上司力ハンドブック」の作成 ・人事総務部による全従業員との直接ガイダンス
太陽生命	【仕事と家庭の両立支援】★…今年度新たに取組む内容 ★介護休業、介護休暇制度の拡充 【働きやすい職場環境づくり】 【キャリア形成、教育、意識向上における取組】 ★若手職員に対する教育機会の拡大 ★新たな業務経験の拡大、役割付与
日本生命	<u>①女性のキャリア形成支援に向け、ライフイベントとの両立を支えつつ、中長期でのキャリア形成を視野に入れた育成に取組みます。</u> ・有期から無期雇用化する職員の長期的な活躍に向けた支援 ・配偶者の転勤に伴う勤務地変更の対象層の拡大や、退職者を再度採用する制度の新設等、働き方の柔軟化に資する取組の推進 ・管理職候補者の層作りを目的とした育成体系の再構築 ・相談窓口の設置等によるキャリア構築支援 <u>②男女がともに活躍できる職場づくりに向け、働き方の改革に取組みます。</u> ・介護休業制度の柔軟化等、仕事と介護の両立に向けた支援の充実 ・仕事と介護の両立を支える「お互い様意識」の醸成に向けた「介護に向き合う全員行動」の推進 <u>③女性が活躍できる風土の醸成に向け、管理職による女性職員の育成に取組みます。</u> <u>④上記①～③の促進に向けて、各部門がその特性を踏まえた取組みを推進します。</u> ＊具体的項目は、平成28年度以降の取組みのみを記載

特集　「女性活躍」政策下の労働

表13（3-3）

富国生命	【取組1：女性の活躍の場の拡大】 現在検討中 【取組2：女性のキャリア形成のための仕組み作り】 平成28年7月～　メルマガ等を使った多様なロールモデル・キャリアパスの事例紹介 平成28年10月～　女性のキャリア形成のための研修や職務経験の付与 【取組3：両立支援の風土作り】 平成28年2月から随時　両立支援のための各階層向けの研修やセミナー（管理職・介護・育休・乳がん） 平成28年4月～　経営層からのメッセージ（長時間労働抑制、女性活躍推進） 平成28年6月～　上司向けメールや男性版両立支援ガイドの作成による男性の育児休職促進 平成28年度、平成31年度　eラーニングを利用した意識調査 平成28年12月以降　各部門で働きやすい職場づくりを推進する担当の配置にあたっての内容検討 平成29年10月～　各部門で働きやすい職場づくりを推進する担当を配置 【取組4：各種相談窓口（キャリア・障がい者・育休復職者・LGBT・介護等）の設置】 平成28年4月～　各種相談窓口設置に向けての検討 平成28年10月　各種相談窓口開設
三井生命	女性管理職数の数値目標達成に向け、以下の施策に取組んでまいります。 (1)総合職（エリア型）のキャリアアップに繋がる人事ローテーションの活発化に取組みます。 (2)女性が活躍できる風土の醸成に向けた研修実施による、女性のキャリア意識向上の支援を行います。 (3)管理職候補者の計画的な育成とキャリアパスにより、着実な管理職輩出を目指します。 (4)「働き方の改革」の実現により、男女問わず全ての従業員が活躍できる職場環境の整備に取組みます。 　・男性の育児休業取得促進による、女性の就業継続支援（新規取組み） ＊新規取組のみ掲載
明治安田生命	【取組1】女性のキャリアアップ意欲の醸成および能力開発支援態勢を強化する ●平成28年4月～　管理職登用候補者の登録管理や研修制度を拡充 ●平成29年4月～　女性のキャリア・経験を活かせる職務への積極的登用により、管理職に占める女性割合20％を実現 ●平成30年4月～　結果分析・課題をふまえたさらなる対策の検討・推進 【取組2】管理職の部下育成に向けた意識改革を促進する ●平成28年4月～　当社における「イクボス」を定義し、従業員へ周知するとともに、管理職による「イクボス宣言」を実施 ●平成28年10月～　ロールモデルや好事例取組み等を集約し、社内へ情報発信 ●平成29年1月～　実態把握のためのアンケート、ヒアリング等を実施 【取組3】：効率的かつ柔軟な働き方を推進する「働き方改革」を実施する ●平成28年4月～　社内推進態勢を整備するとともに、テレワークの本格展開や裁量労働制の拡大等を実施 ●平成29年4月～　総労働時間の削減を目的に、退館時刻の一部前倒しを実施 ●平成30年4月～　諸施策の結果分析・課題を踏まえたさらなる対策の検討・推進

出所：女性活躍推進法における「一般事業主行動計画」より作成。

それらを改善していく取組みを掲げていることが注目される。取組み課題の内容をみると、全9社が女性の階層別育成プログラム・能力開発の強化や女性の職務拡大を図るような取組みを、6社が現在の管理職に女性の育成に積極的に取組むよう促すような管理職向けの取組みを、7社が長時間労働の是正や休暇取得促進を掲げている。

　前項で見たように公表された平均残業時間は決して長いといえないにもかかわらず、長時間労働是正の取組みが事業主行動計画の中で掲げられている。女性活躍推進法では、管理職の労働時間等の勤務状況についても把握の任意項目で、管理職など「対象労働者」以外で長時間労働がある可能性があり、こうした長時間労働を事例企業が女性の管理職比率が低い一つの要因だと認識していることがうかがえる。

　大同生命で掲げているような、業務の効率化による業務削減など仕事量そのものを減らすことは長時間労働を是正するために重要である。明治安田生命で掲げられている「裁量労働制の拡大等を実施」については、業務量の削減を伴わなければ長時間労働是正にはつながりにくいと考えられるが、退館時刻を前倒しにするなど実効性を高めるための工夫も見られる。

おわりに

　「2020年に指導的地位に占める女性の割合30％」に向けた取組みとして、女性活躍推進法成立以前から各企業にポジティブ・アクションを促す取組みや女性活躍に関する状況把握や改善への取組みを促す「見える化」が進んでいた。しかし、これらはあくまでも企業が「自主的に」取組む仕組みづくりであった。企業の自主的取組みを促すため目標設定や期間、取組み努力について行動計画を立てて公表することを義務付けたことに女性活躍推進法の意義がある。こうした手法はポジティブ・アクションの中でも、女性の参画拡大に関する一定目標と達成までの期間の目安を示してその実現に努力する「ゴール・アンド・タイムテーブル方式」だといえる。

　本稿では、中堅・大手伝統的生命保険会社の9社を事例に、女性活躍推進法施

行後の情報公表及び目標設定や期間、取組み内容がどのように示されたのかを検討した。伝統的生命保険会社では、従業員の女性比率が高い一方で管理職の女性比率が低い業界特性を持つが、これは従来管理職に昇進しうるキャリア上限の高い雇用管理区分に女性がほとんどいなかったことが影響しているといえる。総合職、一般職といった内勤職の雇用管理区分ごとの男女別採用数や女性労働者比率を公表している企業は少なかったが、自社内での雇用管理区分ごとの把握は義務付けられており、こうした構造が女性管理職比率の低さを生み出している一つの要因であることを企業内外で認識する一つのきっかけになった可能性がある。

とはいえ、各社の女性管理職比率を高める目標に対しての取組みを見ると、雇用管理区分要件を変えるとしたところはなく、雇用管理区分ごとに女性のキャリア形成支援を重点化する他、女性の多い雇用管理区分で女性管理職を増やそうとしている。雇用管理区分要件を変更せず女性管理職数を増やそうとすれば、必然的に女性が多い雇用管理区分において職務範囲を拡大し昇進上限を見直して管理職を誕生させるか、従来の管理職とは異なる「管理職相当職」を創出するか、その両方を追求するしかないといえる。[17]その際、目標設定において女性管理職を増やすといったときの管理職とはどういった職位を指すのかという最も根本的な問題が生じる。このことは、各社が公表する女性管理職比率の数値の多寡にも影響を与えるだけでなく、目標設定やそれに向けた取組みにも影響を与える。上述したように、現在の管理職の定義には「同一事業所において、課長の他に、呼称、構成員に関係なく、その職務の内容及び責任の程度が『課長級』に相当する者（ただし、一番下の職階ではないこと）」が含まれており、これに該当する者の解釈に幅がある。目標値を立てたり現在の値を把握するうえで、従来男性に偏ってきたマネジメント層に女性を増やすという意味での「管理職」に限定するような値の出し方を担保していくような仕組みを考えていく必要がある。

しかし、従来の雇用管理区分要件を変えることなく女性管理職比率の増加を目指す取組みでも組織構造やキャリアのあり方に少なからず変化を与えうる。例えば住友生命では、転勤と昇進について切り離しが行われ、転勤を伴わなくても管理職昇進が可能となった。このことによる実態面での変化が組織構造や雇用管理区分要件の見直しにつながっていく可能性を持つことは付け加えたい。[18]

もう1点事例の検討から見えてきた課題は、労働時間についてである。事例企業9社中8社が1ヶ月当たりの基幹的な労働者の平均残業時間を掲載していたが、多くが10時間以下と長くない。一方で、女性活躍推進法の「一般事業主行動計画」における取組みでは長時間労働の是正や休暇取得促進などについて7社が掲げていた。つまり、情報公表での平均残業時間の対象労働者以外の者の長時間労働や一部の労働者に偏った長時間労働が存在しており、そのことが女性管理職比率が低い一つの要因であることをうかがわせる。女性活躍推進法案を議論した労働政策審議会雇用均等分科会や国会でも長時間労働が女性の活躍を阻む大きな要因となっていることが指摘され、各企業が長時間労働の是正を行うよう行動づけるため労働時間を把握する項目を必須とした経緯がある。情報公表項目としては各社の比較ができるよう指標をそろえる必要があるが、実態としての各人の総労働時間をより把握する方法を考えていく必要がある[19]。さらに、現在、安倍政権下で女性活躍推進と両輪で推し進めようとしている生産性向上のための「働き方改革」は、労働時間管理の規制を外す対象を増やそうとしている。労働時間管理規制を外すことで実質的に長時間労働が是正されるのか、女性の活躍推進につながるのか客観的データに基づく分析が望まれる。

　最後に、事例企業の動向を検討した結果、女性活躍推進法の大きな成果の一つに雇用管理区分ごとの実態把握及び情報公表を企業に促したことが挙げられる。情報公表という意味では雇用管理区分ごとの公表が進んでいない項目が多数見られ課題も残るが、均等法では同一の雇用管理区分内での均等しか問えず、これが雇用管理区分間でのジェンダーの偏りを生み出す要因となり就労の場における実質的なジェンダーの妨げとなってきた。女性活躍推進法は、こうした構造を可視化し変えていくための第一歩となる仕組みだといえる。

　施策の効果を検討するには、女性の採用数や従業員数自体が少ない企業、競合他社の多い産業などほかの特色を持つ業界についても検討する必要があるがそれは今後の課題とする。

〔注〕
(1)　本稿では、1980年代以降に新設された日本の生命保険会社や外資系生命保険会社とは

特集 「女性活躍」政策下の労働

　　　異なった雇用戦略、営業戦略を持っている中堅・大手の「伝統的生命保険会社」として、朝日生命保険相互会社、住友生命保険相互会社、第一生命保険株式会社、大同生命保険株式会社、太陽生命保険株式会社、日本生命保険相互会社、富国生命保険相互会社、三井生命保険株式会社、明治安田生命保険相互会社の9社を指すこととする。
(2)　アベノミクス第2ステージとして、2015年には新たな3本の矢(1) 希望を生み出す強い経済（GDP600兆円）(2) 夢を紡ぐ子育て支援（出生率1.8）(3) 安心につながる社会保障（介護離職ゼロ）を打ち出している。
(3)　常時雇用する労働者数が300人以下の一般事業主については努力義務となっている。
(4)　サイトが開設された2014年1月は、自民党政権下である。また、2016年2月末に厚生労働省のウェブサイトに移管された。
(5)　2015年度は「働き方改革」等の重点テーマを設定し「新・ダイバーシティ経営企業100選」として2016年3月に34社（大企業20社、中小企業14社）を表彰した。
(6)　「課題である」との判断については、例えば男女雇用機会均等法において女性比率が全体の4割を下回っている場合は男女間の実質的格差が大きいと判断していることや、労働基準法に基づく「時間外労働の限度に関する基準」において月45時間を時間外労働の限度基準としていることなどを目安に課題分析の手法例が作成されている。
(7)　皆川（2014b）や相本（2014）は、政府内でも数値目標の公表を義務化しなければ女性登用が進まないとの意見が根強く、政府主導で「調整」が行われたと指摘している。
(8)　日本経済新聞「女性登用目標、努力義務を新設　自公民が法案修正合意」2015年6月2日付。
(9)　情報公表の有無についてであるため、例えば役員に占める女性労働者の割合について「0」であることを公表している場合は当然「○」となる。ただし、「×」としている企業でも同サイト以外で情報を公表している可能性がある。
(10)　企業によって異なるものの男性営業職の採用の多くは、伝統的生命保険会社の採用慣行として営業所の機関長となることが予定された職種で女性に多い一般的な営業職員としての採用とは異なる。
(11)　厚生労働省「2014年度雇用均等基本調査」。
(12)　例えば、日本生命では2013年度は男性の育児休業取得率100%を達成しているが、平均取得日数は5.2日となっている（経済産業省「2014年度ダイバーシティ企業100選ベストプラクティス集」）。
(13)　生保労連におけるインタビューでは、専門業務型裁量労働制の適用を受ける労働者（労働基準法第38条の3）、企画業務型裁量労働制の適用を受ける労働者（労働基準法第38条の4）の割合は各社でまちまちであるが、総合職で約5年目の者が就くような職責の者から該当するような企業もあるという。
(14)　現在の管理職に占める女性割合から目標の割合が何倍となっているのかを単純に計算している。富国生命だけは目標値が人数比で書かれているため、人数比とした。
(15)　他社においても過去からの取組みで行っているところが多い。
(16)　厚生労働省（2005）「ポジティブ・アクション研究会報告」では、ポジティブ・アク

ションのそのほかの手法として人種や性別を基準に一定の人数や比率を割り当てる制度であるクォータ制や、能力が同等の場合に一方を優先的に取り扱う「プラス・ファクター方式」、女性の応募の奨励や能力向上のための研修、仕事と家庭の両立支援・環境整備など女性の参画の拡大を図るための基盤整備を推進する方式などがあるとする。
（17）　例えば住友生命では「転居を伴う転勤がない総合職」である「業務職」に一般職からの転換を促し、業務職の「管理職」を増加させる取組みを行っている。業務職は、特に支社内で支社長－総務部長のもとに２人ずつ配置されるグループマネージャー（GM）に積極的に登用し「管理職」としてカウントしている。これに伴い、総合職から業務職への業務の移管も行われている。このことによって「支社事務業務に就く総合職は大幅に減り、成長分野（例えば銀行窓販）にリプレイスすることにより、会社収益の拡大を図っている」（経済産業省「2015年度ダイバーシティ経営企業100選ベストプラクティス集」）という。
（18）　ただし、住友生命では現在の女性管理職比率が29％と最も高いが、5年間での目標値の増加率は1.13倍と低い。今後は個々の企業についてより深い事例分析から同法施行の効果と課題を検討する必要があるといえる。
（19）　第146回労働政策審議会雇用均等分科会においても「長時間労働については、実際の労働時間を前提とした議論をすべきであり、仕事と生活の両立に向けた労働時間の削減に取り組んでいくべきと考えます」と松田委員が発言している。この発言は労働者の申告する調査における労働時間と事業所が回答する労働時間に差があることについてであるが、「実際の」労働時間の把握が前提であるという指摘は本稿の指摘とも重なる。

〔参考文献〕

相本浩太（2014）「女性の活躍推進による経済の成長－女性の職業生活における活躍の推進に関する法律案」『立法と調査』No.359。

金井郁（2014）「雇用と自営の間：日本の生命保険業における営業職の雇用とジェンダー」『社会科学論集』143号、127-144頁。

三浦まり（2015）「新自由主義的母性－『女性の活躍』政策の矛盾」『ジェンダー研究』第18号。

皆川満寿美（2014a）「新自公政権の『女性政策』」『女性展望』668号。

皆川満寿美（2014b）「『女性の活躍法』と『すべての女性が輝く政策パッケージ』」『女性展望』671号。

特集 「女性活躍」政策下の労働

――― 日本労働社会学会年報第27号〔2016年〕―――

地域経済における女性活躍推進
――福岡県の中小企業の取り組みと「女性の大活躍推進福岡県会議」――

駒川　智子
(北海道大学)

1. 問題意識と課題設定

　グローバルな経済活動を展開する企業では、2000年前後から女性活躍推進やダイバーシティ経営への関心が高まり、専門部署や専任担当者が設置されている。経済団体もグローバル化と少子化を背景とした多様な人材によるイノベーションの必要を認識し、会員企業に女性のキャリア形成に向けた自主行動計画の策定・公表を求めている（駒川 2015）。政府もまた企業組織での女性の能力発揮を進めるべく、内閣府、経済産業省、厚生労働省を中心に女性の活躍推進を経済成長に位置付けた施策を打ち出しており（駒川 2014）、2015年8月の女性活躍推進法の成立は企業による女性活躍の取り組みの促進を期待させる。
　こうした国や大企業の取り組みとは別に、地域経済は独自の問題意識から女性活躍を進めている。地域経済の圧倒的多数を占める中小企業は人材採用が困難で、少子化による将来的な労働力不足への懸念も強い。そのため中小企業は女性労働者の就労継続と中核的人材への育成に向けた取り組みを始めている。地域の中小企業には多くの女性が雇用されており、そこでの女性活躍推進はきわめて重要である。それは地域に生活基盤をおく女性労働者が、自分で稼ぎ、正当に評価され、暮らしてゆける環境整備という点でも大きな意義がある。以上の問題意識から、本稿は地域経済での女性活躍推進に焦点を当て、地域に拠点をおく中小企業の取り組みと、女性労働者の意識にみる女性活躍推進の課題を考察する。

２．調査の対象と方法

（１）福岡県への着目

　調査対象地域は福岡県である。福岡県での女性活躍推進の取り組みは、地域経済が積極的に女性活躍を進める先進事例で、他地域への波及効果が期待される好事例と位置付けられる。福岡県では少子化による労働力不足への懸念を背景に、地域経済の活性化と活力ある未来社会づくりを目指し、経済活動での女性活躍を進める「女性の大活躍推進福岡県会議」を展開している。これは2013年5月に発足した、経済界主導による産学官民の活動で、企業・組織で働く女性の管理職増加に焦点を当てた様々な取り組みを行っている。

（２）調査の概要

　先の課題に接近するため、本稿は大きく2つの調査を実施している。調査期間は2015年7〜10月である。

　第1に、福岡県の女性活躍推進に関する調査である。調査対象として産学官民による運動体「女性の大活躍推進福岡県会議」を取り上げ、構想・実施に関する主要人物に聞き取りを行った。麻生渡氏（前福岡県知事、福岡空港ビルディング株式会社代表取締役社長、「女性の大活躍推進福岡県会議」顧問）、久留百合子氏（「女性の大活躍推進福岡県会議」共同代表(1)、株式会社ビスネット代表取締役）、松田美幸氏（福岡県男女共同参画センター・あすばる館長、「女性の大活躍推進福岡県会議」企画委員会副委員長）、村山由香里氏（福岡県男女共同参画センター・あすばる前館長、株式会社アヴァンティ代表取締役会長）の4人である。加えて同会議事務局の一般財団法人九州地域産業活性化センターと同会議の女性管理職ネットワーク「WE-Net福岡」のメンバーへ聞き取りを行った。また「WE-Net福岡」第2回定例会議に出席し参与観察を実施した（2015年9月1日）。

　第2に、福岡県を拠点とする中小企業での女性活躍に関する調査である。女性活躍の取り組みは能力発揮重視型と両立支援重視型に大別されるため、それぞれを代表する企業を選定した。能力発揮重視型の企業に金融業の福岡信用金庫を選び、工藤賢二理事長、人事課長、女性職員へ聞き取りを行った。両立支援重視型

特集 「女性活躍」政策下の労働

の企業に製造小売業の株式会社ふくやを選び、川原正孝代表取締役社長、人事課長、女性職員へ聞き取りを行った。福岡信用金庫と株式会社ふくやは「女性大活躍推進自主宣言」と「子育て応援宣言企業」に登録している。

加えて本稿の執筆にあたり、一般社団法人九州経済連合会、一般社団法人全国信用金庫協会、一般社団法人九州北部信用金庫協会、九州経済産業局地域経済部産業人材政策課、福岡県商工部商工政策課、福岡県福祉労働部労働局労働政策課、福岡県新社会推進部男女共同参画推進課から調査協力ならびに資料提供を受けた。

3．福岡県経済の特徴と女性活躍推進の背景

（1）福岡県の経済と労働力の特徴

女性活躍推進の考察の前段階として、福岡県の経済と労働力の特徴を概観する。**表1**は、2012年度の主要都道府県の県内総生産である。福岡県は17兆9,122億円で、全国9位に位置する。全国的に県内総生産は10年前から減少傾向にあるが、福岡県は増加しており注目される。福岡県の県内総生産の産業別構成比は、高い順から「サービス業」23.0％、「卸売・小売業」15.5％、「製造業」14.3％、「不動

表1　主要都道府県の県内総生産　（単位：10億円）

全国順位	都道府県	2012年度 県内総生産	2002年度比較 増減額	2002年度比較 増減率
1位	東京都	91,908	-2,446	-2.6％
2位	大阪府	36,843	-2,421	-6.2％
3位	愛知県	34,359	558	1.7％
4位	神奈川県	30,257	159	0.5％
5位	埼玉県	20,374	204	1.0％
6位	千葉県	19,132	-125	-0.7％
7位	兵庫県	18,273	-1,376	-7.0％
8位	北海道	18,124	-1,791	-9.0％
9位	福岡県	17,912	210	1.2％
10位	静岡県	15,485	-1,034	-6.3％
	都道府県計	500,158	-16,710	-3.3％

注：県内総生産は名目値である。
出所：内閣府「県民経済計算」平成24年度版より作成。

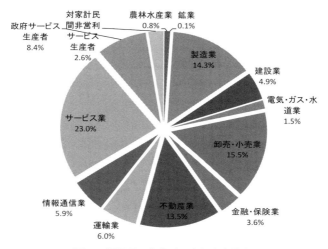

図1　福岡県の産業別県内総生産構成
出所：内閣府「県民経済計算」平成24年度版より作成。

産業」13.5％である（**図1**）。第一次産業の構成比が低く、サービス業がやや高いものの、製造業を含む多様な産業が展開している。福岡県の企業規模別構成は、企業数で大企業が333社で0.2％、中小企業が142,502社で99.8％である。従業者数の構成比は、大企業が24.9％、中小企業が75.1％である（**表2**）。中小企業数が多く、そこで働く人が多数派であると確認できる。

次に福岡県の労働力を見る。2012年度現在の総人口は、2002年度から約4.7万人増の約508.5万人であるが、県内就業者数は2002年度比で約1.7万人減の約244.4万人である。県内就業者を産業別に見ると、男性は「製造業」が最も多く21.0万人（15.7％）、次いで「卸売・小売業」が19.8万人（14.7％）、「建設業」が16.2万人（12.1％）である。女性は「医療・福祉」が最多の26.7万人（24.2％）、続いて「卸売・小売業」が21.8万

表2　福岡県の企業規模別構成比（2012年）

	大企業	中小企業
企業数	333社	142,502社
構成比	0.2％	99.8％
従業者数	416,289人	1,258,259人
構成比	24.9％	75.1％

注：中小企業は常用雇用者300人以下または資本金3億円以下の企業である。
出所：『中小企業白書』平成27年版より作成。

特集 「女性活躍」政策下の労働

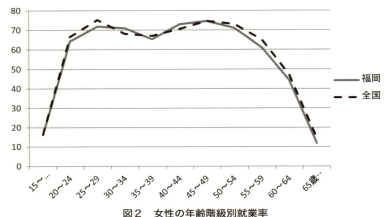

図2　女性の年齢階級別就業率
出所：総務省「就業構造基本調査」平成24年版より作成。

人（19.8%）、「製造業」9.6万人（8.7%）である[2]。男女とも「製造業」と「卸売・小売業」の就業者数が多いが、加えて女性は「医療・福祉」を中心に多様なサービス業に従事している。女性の就業のさらなる特徴に、年齢層による就業率の違いがある。図2で女性の年齢階級別就業率を見ると、福岡県は全国平均同様に30代後半で就業率が下がるM字型カーブを描き、さらに20代の就業率が全国平均と比べてやや低いことが読み取れる。福岡県における学生数の多さを反映したものと推定されるが、女性は若年層で就業率が低調で就業中断もあり、労働力として潜在していることがわかる。

　福岡県の経済は堅調である。しかし労働力は就業者数が減少傾向で、なかでも女性の比較的若い層の就業率が低い。数年後に福岡県の人口は減少に転じると予想され、労働力確保に向けた施策が必要とされるのである。

(2) 福岡県の女性活躍推進の取り組み背景

　次に福岡県の女性活躍推進を見る。福岡県の女性活躍推進は、経済界、行政、女性の活動がかみ合い具体化している。それぞれの動機と取り組みを確認する。福岡県での女性活躍推進の直接的契機は、前述の労働力不足に対する経済界の危機意識にある。福岡県を中心とした九州地域の経済界首脳による懇談会で労働力

不足対策が議題となり、最終的に女性活躍を推進すべきと確認されているのである。同懇談会は、九州経済の動向と課題を話し合う非公式会議で、2010〜2012年の10回にわたり開催された。懇談会では「グローバル化」や「産業振興」等の経済政策と並び、「少子高齢化」「人材育成」等の労働力問題を議論している。特に「女性労働力等の現状について」を議題とした2012年第10回会議は、その後の経済界の取り組みに大きな影響を与えている。

　第10回会議の配布資料で当日の内容を確認する。まず九州全体の労働力人口が2010年の724.6万人から2030年に107万人減（－14.8％）の617.5万人になるとの推計が示され、対応策として「女性」「高齢者」「外国人」の就労拡大の可能性が検討された。このうち「高齢者」は継続雇用等の施策が進展していること、「外国人」は九州で学ぶ留学生が増加傾向で就職希望もあるが、外国人の就労促進には行政的課題が大きいことが確認された。「女性」は、欧米諸国と比べ日本の出生率と女性就業率はともに低いこと、女性雇用者の増加分の大半が非正規雇用であること、民間企業の女性管理職比率は上昇傾向だが2011年時点で係長相当15.3％、課長相当8.1％、部長相当5.1％であることが示された。フリーディスカッションの場という性格から多様な意見が交わされたが、意見交換を通じて、女性を労働力として活かせておらず「女性に対する施策は効果が高い」との認識が共有された。その後2014年に九州経済連合会が報告書「九州における女性活躍推進に関する提言──人口減少時代の九州企業の発展のために」をまとめ、九州経済界で女性活躍推進は既定路線となるが、その出発点は同懇談会にあったと言える。

　経済界の動きとは別に、行政は男女共同参画社会の観点で女性活躍に取り組んでいる。特に福岡県は麻生渡氏の知事時代（1995〜2011年）に女性活躍を進めており、1998年に九州初の女性副知事を誕生させ、2003年に仕事と子育ての両立支援を企業が自主的に宣言する「子育て応援宣言企業」登録制度を開始するなどしている。また2010年に福岡県男女共同参画センター・あすばるの館長に、働く女性向けネットワーク型情報誌を発行する株式会社アヴァンティの村山由香里社長（当時）を登用し、あすばるが働く女性向け活動を拡大する素地を作っている。例えば2012年開始のあすばる主催「ふくおか女性いきいき塾」は、全10

回のセミナーや課題研究を通じて地域や企業等の女性リーダーを育てるものである。応募に勤務先等の所属長の推薦を課しており、組織の女性人材育成の理解と協力を引き出している。地域社会にとっての意味も大きい。現あすばる館長の松田美幸氏は「ふくおか女性いきいき塾」を「学びの場」「ネットワークづくりの場」であり、福岡県にとっては審議会メンバーとなりうる「人材育成の場」であると説明する。

　このような経済界と行政の取り組みが呼応したのが、2012年の「女性活躍フォーラム in 福岡『トップの意識が変われば現場が変わる』」の開催である。これは企業での女性活躍の重要性を経営・経済面から取り上げるもので、主催者は九州経済産業局、財団法人九州経済連合会、福岡県男女共同参画センター・あすばる、北九州市立男女共同参画センター・ムーブ、福岡市男女共同参画推進センター・アミカスである。当日は女性活躍推進の企業事例報告等に、300人定員のところ多数の経営者・幹部を含む448人が参加し、行政、経済団体、企業、女性労働者が女性活躍を強く意識化する契機となった。

　経済界と行政の取り組みに加えて重要なのは、能力発揮の機会を求める女性たちの存在である。まず福岡県が1983年から行う女性海外研修事業「女性研修の翼」の参加者がいる。研修事業参加者から、政界に進出する女性や地域で力を発揮する女性が数多く現れているのである。「女性研修の翼」は男女共同参画社会の意識を高め地域や職場での活動に活かすことを目的に、毎年20人を募集し実施されている。例えば2015年度はデンマーク7日間の研修で、男女共同参画・文化・教育・福祉・労働などの各種制度・施設の状況について行政機関や民間施設の視察調査、女性団体との交流などを通して理解を図る内容となっており、参加者は事前・事後研修と報告会への出席および報告書の作成が課されている。研修を通じて視野を拡大し、能力を高めていく様子がうかがわれる。さらに働く女性向け情報誌『avanti』の読者層がいる。『avanti』の発行部数は14万5千部で、読者層は福岡市と北九州市を中心とした平均年齢36.0歳の女性である。『avanti』の読者女性は誌面が発信する地域密着の女性のキャリアとライフスタイル情報に触れ、東京に出るのではなく福岡で自らの求める人生を実現しようと努力している。

　以上のように、福岡県の女性活躍推進は労働力不足への危機感をもつ経済界の

対応を直接的契機とするが、具体化の背景には、福岡県による男女共同参画社会に向けた施策の蓄積と、福岡で働き暮らすことに前向きな女性たちの存在があると言える。

4．「女性の大活躍推進福岡県会議」の活動

「女性の大活躍推進福岡県会議」は、2013年5月に発足した産学官民による運動体である。代表に経済界の男性と女性を1人ずつおき、顧問に行政から福岡県知事、北九州市長、福岡市長、九州経済産業局長、事務局である九州地域産業活性化センターの会長をおく（図3）。「女性の大活躍推進福岡県会議」は、女性の活躍推進による企業の総合力の向上（企業経営）および地域経済の活性化（地域経営）を目的に、男女が共に働きやすく生きやすい社会づくりに取り組むものである。そこで3つの重点活動を掲げている。すなわち①企業による女性の管理職に関する具体的な目標の自主宣言登録の推進、②女性の能力・意欲の発揮支援、③男女が共に活躍できる社会環境づくり、である。「女性の大活躍推進福岡県会

代表	松尾 新吾　九州経済連合会名誉会長 久留百合子　（株）ビスネット代表取締役
企画委員会 （会議運営事業管理）	委員長 副委員長
部会・事業チーム （事業実施）	・自主宣言部会 ・女性人材部会 ・環境整備・広報部会
	顧問 福岡県知事　　九州地域産業局長 北九州市長　　福岡労働局長 福岡市長　　　九州地域産業活性化センター会長
会員	企業、各種法人、大学、地方自治体、NPO、グループ、個人など
支援団体	九州経済連合会、福岡経済同友会、福岡県経営者協会、 福岡県商工会議所連合会、福岡県商工会連合会、 福岡県中小企業団体中央会、福岡県中小企業家同友会、 福岡県中小企業経営者協会連合会、連合福岡、九州生産性本部、 福岡県中小企業診断士協会、福岡地域戦略推進協議会、 九州地域中小企業等支援専門家連絡協議会、九州ニュービジネス協議会、 福岡県女性財団、あすばる、アミカス、ムーブ、報道機関等

図3　女性の大活躍推進福岡県会議の組織体制
出所：女性の大活躍推進福岡県会議資料より作成。

特集 「女性活躍」政策下の労働

議」は地域経済界主導による女性活躍推進として注目され、さらには福岡県をモデルに「九州会議」、日本各地へと発展させることを目指している。2015年に内閣府「女性のチャレンジ支援賞」を受賞している。

(1)「女性の大活躍推進福岡県会議」の構想

　「女性の大活躍推進福岡県会議」が、いつ、どのように発案されたのかは定かでない。調査からは、少なくとも2つの流れが確認できる。1つは、現在は支援団体に名を連ねる経済団体を中心とした動きである。主たる問題意識は労働力不足対策であるが、同時に男性中心の画一的な思考や価値観ではグローバル経済で立ち行かないとの危機意識があった。福岡の経済界にダイバーシティ・マネジメントへの関心が高まりつつあったと思われる。もう1つは、経済領域での女性活躍に関わってきた女性たちによるもので、女性の社会参画を進めるために女性が主体的に施策し行動する活動体について会議を始めていたという。確かなことは、2012年6月6日の「女性活躍フォーラム in 福岡『トップの意識が変われば現場が変わる』」の準備と成功が、経済界、女性、行政を結ぶ重要な機会となったことである。その頃、「女性の大活躍推進福岡県会議」の構想が練られ始めている。

　「女性の大活躍推進福岡県会議」は、競争の激化、少子高齢化、高い能力を持つ女性人材の活用の遅れという経済社会背景のもと、活力ある九州の実現に向けて、女性の社会進出による地域の活性化を目指すとする。まさに経済界の認識に沿う内容である。しかし構想段階では、女性が自らの性を理由に不利益を被ることのない公正な社会の実現に焦点を当てていた。同会議のキーパーソンである前福岡県知事の麻生渡氏は「女性の自己実現の機会が限られていることが大きな問題」と明言し、女性の人権の尊重が根源的課題との認識を示す。しかし人権を全面に出すと論争化し社会変革に繋がらない現実があるとし、「経済と打ち出すことで、現実に世の中を変えてゆく」必要があったと語る[11]。そのため経済界を巻き込んだ実質的な社会変化を実現するために、女性活躍による地域経済発展という筋書きを設定したのである。「女性の大活躍推進福岡県会議」共同代表の久留百合子氏は麻生氏の熱意に触れ、「これまでも女性の活躍はいろんなところで言われてきたけれど、今回は本気だと感じた」と語る。

（2）企業・組織による女性管理職目標の設定

活動内容を見る。「女性の大活躍推進福岡県会議」の最重点活動は、企業・組織における女性管理職目標の設定である。これは企業等が原則1～5年での女性管理職比率や数に関する目標を自主的に設定し、「女性の大活躍推進福岡県会議」HPで公開するものである。2016年1月31日現在、207の企業等が自主宣言目標を発表している。

自主宣言目標の取り組みは、管理職の範囲や目標に統一基準を設けず、企業等の実情に応じて設定する点に特徴がある。管理職とされる者の職位や女性活躍の程度が企業・組織間で大きく異なる現状では統一基準の設定は実質的に困難で、また基準が障壁となり企業・組織の参加を妨げかねないためである。このため自主宣言目標の内容は多彩である。一例をあげると、女性管理職がいない企業による「女性管理者を1名育てます」（サービス業）というものから、「現在6名いる女性管理職（主任以上）を5年後には10名としたい」（金融・保険業・情報通信業）と具体的な期間と人数を示すもの、管理職の数値目標を記したうえで「限定社員制度を制定して、パート社員を正社員へステップアップしていきます」（建設業・運輸業）と制度設計に踏み込むものまで見られる。

統一基準のない自主宣言では、効果は限定的と見る向きもある。しかし2年経過した今、自主宣言目標の意義は2つ確認される。1つは女性管理職への意識化である。数値設定は目標の明確化に有効なだけでなく、設定作業自体が女性管理職を考える機会となる。それは特に女性の管理職が不在もしくは少ない企業等で、女性が管理職に昇進していない理由を問う作業となる。そのため設定作業を通じて、管理職の資質を備えた女性が「発見」され、女性が暗黙裡に管理職候補の対象外とされていることが浮き彫りとなっている。もう1つは目標達成に向けた女性管理職育成の促進である。期間を区切った人数や比率の設定は、女性管理職候補者確保に向けた女性採用者拡大等の取り組みをもたらしている。

（3）女性管理職ネットワーク「WE-Net福岡」

女性管理職目標の設定が企業等を対象とした活動であるのに対し、女性管理職ネットワーク「WE-Net福岡」は女性労働者への活動である。「WE-Net福岡」は

特集 「女性活躍」政策下の労働

福岡県内の企業等の部長・課長級の女性管理職の交流・研鑽を目的に2013年10月に発足した。人数は30〜40人で、原則として1期1年ごとにメンバーが交代する。活動内容は①勉強会と交流会からなる定例会の開催（3カ月に1回程度）、②グループ活動による施策立案と実施、③イベント等への登壇やメディア対応による情報発信、④メンバー間の情報共有、である。1期生35人の所属先は、卸売・小売業6人、製造業5人、情報通信業4人、行政4人など幅広い。役職は課長級14名、部長級11名などで、年齢は40代半ばを中心とした30代後半〜50代である。就業時間内の活動のため、参加には所属先の承諾を要する。

1期生のグループ活動は多くの効果をあげている。活動内容は表3の通りである。各グループは自ら設定した課題に向けて企画・調査を行い、講演会やリーフレットにまとめている。成果物の評価は高い。例えば「女性管理職候補グループ」の「リーダーシップ」講義では、受講生の96％が自分なりのリーダーシッ

表3　WE-Net福岡1期生のグループ活動内容

グループ	活動内容
経営者層グループ	経営者・女性管理職交流フォーラムの開催 表題「今、求められる経営戦略としての多様な人財活用とは？」 日程：2014年11月14日 出席者：経営者、女性管理職等約200人
男性管理職グループ	①リーフレットの作成、②講演会の開催（北九州市との共催） ①リーフレット「女性活躍競争がはじまった！　上司力をぐっと高めるその『ひと言』」 ②北九州市「ワーク・ライフ・バランス」講演会 日程：2014年11月17日 出席者：企業管理職、人事担当者等214人
女性管理職候補グループ	講義の実施 ふくおか女性いきいき塾（第三期）　講義⑧「リーダーシップ」 日程：2014年11月29日 出席者：塾生25人
子育て世代グループ	講演会の開催 表題「育ボスを育てる」 日程：2014年9月9日 出席者：女性管理職ネットワークメンバー等43人
新入社員グループ	リーフレットの作成 リーフレット「未来への人財づくり」

出所：WE-Net福岡　定例会最終報告資料より作成。

プを「発揮できる」「以前より発揮できる」と回答している。また「男性管理職グループ」によるリーフレット「女性活躍競争がはじまった！　上司力をぐっと高めるその『ひと言』』の"私"のやる気をダウンさせたボスのひと言」は、女性の共感と男性管理職の気付きをもたらしている。⁽¹²⁾グループ活動は議論や作業に多くの時間とエネルギーを要し、期間内に成果を出すプレッシャーも強い。だからこそメンバー間の結束は強く、解散した今日でも悩みを相談しあう仲間となっている。また打ち合わせ等で就業時間内に勤務先の会議室等を利用しており、上司や同僚が「WE-Net福岡」の活動を理解する機会にもなっている。

　女性管理職ネットワーク「WE-Net福岡」の意義は3点にまとめられる。第1にロールモデルの獲得である。メンバーは職場の女性管理職第一号ではない。しかし自社・組織内に女性管理職は少なく職位も離れており、「会議では黒いスーツの男性ばかり」という状態に孤立感を抱いている。そして男性管理職とは異なるあり方を求めつつも具体的なモデルを見出せず、「男性モデルを無意識に踏襲している」ことに悩んでいる。1期生の女性はネットワークの初顔合わせを振り返り、ロの字型にセッティングされた机を女性管理職が取り囲む様子に「こんなに福岡に女性管理職がいるんだ」と感慨深かったと話す。そしてグループ活動で年齢が少し上のメンバーの仕事のやり方や姿勢に触れ、良いメンターを見つけることができたという。

　第2に悩みと解決策の共有である。利害関係のない仲間に悩みを吐露し、共感と助言を得ている。「社内の壁を話すと同調してもらえる」「自分ひとりではないんだ」という声からは、彼女たちの孤立感の深さと共感を示す仲間の存在の大きさが推察される。そして同様の問題を潜り抜けてきたメンバーから「『自分はこうしたよ』というアドバイスがもらえる」ことは、具体的な解決策として役立てられている。女性管理職という同じ立場の者だからこそ分かり合える関係が築かれている。また他社・組織の人間である点も大きい。利害やプライバシーの観点から、自社・組織の者には相談できない事柄を話すことができる。女性管理職ネットワークは、男性が対外業務を通じて得ている社外ネットワークを疑似的に形成していると評価できる。

　第3に仕事への直接的な役立ちである。多様な業種の女性管理職が集ういわば

特集　「女性活躍」政策下の労働

異業種交流会で知識とスキルを獲得し、時には取引関係に発展させるなどの便益を得ている。

5．福岡に拠点をおく中小企業の取り組み

次に「女性の大活躍推進福岡県会議」の参加企業から、福岡県を拠点とする中小企業の女性活躍を見る。企業の具体的取り組みに降り立つことで、女性活躍推進の効果と女性のキャリア形成に向けた課題を明示できよう。女性活躍の取り組みは能力発揮重視型と両立支援重視型に大別される。そこで能力発揮重視型に金融業の福岡信用金庫、両立支援重視型に製造小売業の株式会社ふくやを取り上げ、実施内容と成果および課題を考察する。

（1）福岡信用金庫

1）福岡信用金庫の概要

福岡信用金庫は1925年創業の信用金庫法にもとづく協同組織金融機関で、企業理念に「地域社会に奉仕しその繁栄に貢献する」を掲げる。福岡市中央区に本店本部を構え、店舗は福岡市内14店と出張所1店である。営業店の主要業務は、為替を含めた預金業務、融資審査、営業活動を行う渉外業務である。職員数は161人（男性60％、女性40％）、女性管理職比率は18.4％である。[13]人事制度に職能資格制度を導入しており、表4のように代理職までの昇格基準に検定試験等の合格を課している。ただし検定試験等の合格は昇格の必要条件であるが、さらに上司の推薦を含む人事考課が課されるため、検定取得後に自動的に昇格するわけではない。次長以上の昇格は人事考課の結果で判断される。コース別雇用管理制度は導入しておらず、全員採用時に渉外を含む全業務を担当することを了承している。

2）女性活躍推進の背景

福岡県内の信用金庫が構成する福岡県信用金庫協会は「女性の大活躍推進福岡県会議」に業態として賛同し、県内の全8金庫が女性管理職目標を一斉登録し話題となっている。[14]地域住民と中小企業の発展に寄与する信用金庫の理念を体現す

表4　福岡信用金庫の職能資格制度

	職位	資格	在職期間	昇格基準
管理職	部長	8級		人事考課（総合評価）
	支店長・課長	7級		人事考課（管理職としての知識、経験、統率力、人格）
	次長	6級		人事考課（管理職としての知識、経験、統率力、支店長の補佐可能な能力）
	代理	5級		上級実務試験合格または銀行業務検定試験（法務・財務・税務の何れか3級を2科目以上）合格および証券外務員内部管理責任者資格取得＋人事考課
	主任	4級		基礎実務試験合格または銀行業務検定試験（法務・財務・税務の何れか4級を2科目以上）合格＋人事考課
一般職		3級	2年以上	人事考課
		2級	2年以上	人事考課
		1級	入庫後2年以上	人事考課

注：1　上級実務試験ならびに基礎実務試験は、全国信用金庫協会による信用金庫職員を対象とした通信講座をベースとする全国統一実務試験である。
　　2　銀行業務検定試験は、銀行業務検定協会による金融機関で必要な知識と技能を認定する検定である。
　　3　証券外務員内部管理責任者は日本証券業協会による資格試験であり、営業活動等の管理者に要される。
　　4　昇格等は、所属長の推薦、常務理事会の推薦等により理事長が認めた者とする。
出所：金庫資料より作成。

る活動と評価される。とはいえ福岡信用金庫による女性活躍推進の直接的背景は職員構成の歪みにある。1990年代後半の金融危機後の新規採用抑制の結果、管理職候補の30～40代前半の職員が少なく、一方で20代が37％でそのうち女性が66％を占め、若年層とりわけ女性の育成が必要とされたのである。福岡信用金庫理事長の工藤賢二氏は、女性活躍推進は「やらざるをえなかった」と述べる。管理職昇進を見据えた女性人材の育成は喫緊の課題だったのである。

しかし信用金庫は地域の優良企業として新卒採用市場で優位にあり、男性中心の採用・育成を行ってきたため、女性は業務・昇進・意欲が相互に限定し合い短期勤続化していた（図4）。女性が担う業務は為替を含む預金業務と融資事務の一部で、信用金庫で重視される渉外と融資審査はほぼ未経験である。このため管理職に必要な知識と経験を欠き、女性の管理職昇進は稀である。結果として女性の向上心や昇進意欲は低下し、昇格要件である検定の未取得者が多く、職場では

特集 「女性活躍」政策下の労働

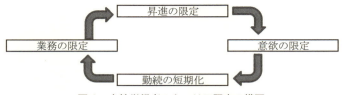

図4　女性労働者のキャリア限定の構図

日常業務をそつなくこなすものの、先輩が空き時間に融資業務を教えると提案しても断るなど仕事の意欲は低かった。そして「子どもができたら辞める」という職場風土と相まって、短期勤続化していたのである。工藤賢二理事長の「女性は能力があっても諦めてしまう。自己研鑽の意欲低下。これではまずい」との声は組織の性別雇用管理の根深さを示している。女性人材の育成には経営トップの主導による組織的取り組みが必要とされた。

3) 女性活躍推進の取り組み

　福岡信用金庫は自主宣言目標を2019年までに女性管理職比率25％と定め、能力発揮重視型の取り組みを行っている。取り組みは大きく3つである。第1に、人事部による昇格要件を満たしたり満たせそうな女性の洗い出し作業である。検定取得者は積極的に昇格させ、昇進はポストと上司推薦を考慮して行われた。こうして2014年に初の女性課長が誕生している。作業過程で組織的課題も明らかになった。上司の評価基準にジェンダーが潜在することが判明したのである。渉外業務で高成績をあげる女性を昇格候補に推薦しない理由について人事部が問い合わせたところ、女性の上司の回答は「生意気」「部下の女性がついてこない」「どこに行っても浮いてしまう」というものだった。男性なら「頑張り屋」「部下を引っ張っている」「リーダー的存在」と高評価となる要素が、女性にはマイナスに作用していた。昇格基準に検定取得等の客観的要素を設定しても、人事考課にジェンダーが介在し、性別に依らない「公正な処遇」を難しくしているのである。

　第2に、全女性を対象とした独自研修の開催である。これは2015年に創業90周年記念事業として初めて実施された。営業店の預金獲得の最前線で女性が主力である窓口業務での営業力と顧客満足度の向上を目的とした接遇研修で、5回の

研修後に検定に合格することを目標とした。研修内容は窓口担当者であるテラーと顧客に分かれてのロールプレイングで、顧客ニーズを引き出す会話から最適な金融商品を提案する力量を身につける。支店長が研修を聴講し女性の営業力強化の意義と内容を理解する機会にしているほか、検定前には開店前の営業店でテラーの女性と顧客に扮した同僚が練習を重ね、店全体の業務意識が向上する効果があがっている。

　福岡信用金庫では、九州北部信用金庫協会主催の女性向け融資審査研修会「女性のための融資力強化講座」に受講生を派遣してもいる。融資審査経験が乏しくなりがちな女性を対象に、財務諸表分析等の審査基礎を教える2泊3日の集合研修である。研修への派遣は、相次ぐ審査担当者の定年退職に女性の融資業務への配置を見据えたものである。また研修修了者の増加は、営業店の業務配置権限をもつ支店長の「女性は窓口と事務」という思考を変化させるものと期待される。

　第3に女性に特化した施策ではないが、金融機関勤務経験者の中途採用があげられる。福岡信用金庫はHPで正規とパートの職員を募集しており、男女ともに採用実績がある。例えば他地域の信用金庫経験者で正規職員で採用された30代前半の女性の場合、信用金庫間で入出金システムが共通しているため業務に即座に適応し、前の勤務先経験を活かした業務改善を行う実績をあげている。中途採用者に作業方法を尋ね職場改善をはかる管理職の姿も見られ、中途採用者は長く積み重ねられた職場のあり方に風穴を開ける役割を果たしている。労働力不足対策としても中途採用は有力な手段である。この点、全国信用金庫協会は信用金庫の全国ネットワークを活かした人材確保に向けて「しんきん再就職支援ネットワーク」を2015年9月に開始した。これは結婚、配偶者の転勤、親の介護等の理由による転居で退職する職員を対象に、①転居先の信用金庫での就業を希望する場合、職員に転居先の信用金庫の担当部署等の情報を提供し、②転居先の信用金庫の求めに応じて職員経由で職務経歴等を提供するものである。開始直後のため利用状況等は不明であるが、性別に関係なく信用金庫で育てた人材を信用金庫業界で活かす試みであり、中小規模組織による人材確保の方法として注目される。

　女性活躍の取り組み効果は、女性の意欲の向上として表れている。女性対象の研修は若い女性を中心に歓迎されている。「女性向け」研修への違和感は聞かれ

特集 「女性活躍」政策下の労働

るものの、男性が優先的に研修に参加する状況を打開し、業務習得に消極的だった女性の仕事姿勢を変化させている。特筆すべきは女性の管理職登用である。特に女性課長の誕生は憧れを交えたキャリアモデルと捉えられ、管理職をやってみたいという女性を生み出している。能力発揮重視の女性活躍の取り組みは男女間の公正な処遇に向けたプロセスであり、有形無形にジェンダーを織り込んだ職場のあり方を問い直すものと評価できる。

(2) 株式会社ふくや

1) 株式会社ふくやの概要

株式会社ふくやは明太子を日本で最初に製造・販売した企業である。創業は1948年で、企業理念に「強い会社、良い会社」を掲げる。福岡市博多区に本社を構え、工場3カ所と東京2店を含む営業店39店を擁する。主要業務は、製造・物流、食材卸、店舗販売、新規事業、間接部門である。職員数は604人で、正規雇用が207人（男性51%、女性49%）、パートタイマーが397人（男性27%、女性73%）、正規雇用の平均勤続年数が男性18.1年、女性14.4年である。役職制を廃止しており職階は不明瞭であるが、課長以上を管理職とした場合の女性管理職比率は18.8%である。コース別雇用管理制度は導入しておらず、採用後の6カ月研修で各部署を経験し配属先を決定している。最初の配属先は営業店か通信販売の受注センターが多い。顧客と商品を知ることが目的である。

2) 女性活躍推進の背景

株式会社ふくやは積極的に女性を採用・育成しており、彼女たちの就労継続を目的に両立支援制度を充実させている。

株式会社ふくやは食材卸を原点とする男性中心の企業だったが、1980年の代替わりを契機に多店舗展開を開始し営業店での接客重視を始めた。その際、女性の採用を拡大している。創業者の子息で、現在の株式会社ふくや代表取締役社長である川原正孝氏は、当時を振り返り「絶対、女性を入れる必要があると確信していた」と語る。川原正孝社長は金融機関の勤務経験者で、結婚までの短期勤続ながら営業店の窓口業務の主力である、女性の業務遂行能力の高さを認識してい

たためである。女性正規雇用者の担当業務は、設定温度が15度以下の工場での体調不良から製造業務が少ないが、その他あらゆる業務に従事している。特に店舗販売の中心的存在で、商品知識をもとにした顧客への説明と調理アドバイスを行い、パートを含めた約10人を束ねた店づくりを担っている。また早い店で8時開店、遅い店で24時閉店という長時間の店舗運営のもと、シフト管理の責任も負っている。

　女性の仕事への意欲は高く、企業への愛着心も強い。その背景には女性の能力発揮を当然とする雇用管理に加え、誕生月の人と社長との昼食会に象徴される家族的雰囲気もある。しかし女性の短期勤続傾向は株式会社ふくやでも見られた。川原正孝社長は、地元志向の優秀な人材は男性よりも女性のほうが多く、「中小企業は女性を入れないと成り立たない」と言う。そこで「育てた女性が辞めていくのは損失」なため、女性の退職理由が結婚から出産へ変化したのを機に1992年に育児休業制度を導入したとする。川原正孝社長は仕事と育児の両立支援整備は「企業のため」と明言し、「子育て応援宣言企業の輪を広げる会」会長、「女性の大活躍推進福岡県会議」企画委員会委員長を務めている。

3) 女性活躍推進の取り組み

　株式会社ふくやは、自主宣言目標を2018年度までに女性管理職比率30％以上と定めている。ここでの管理職は係長級の店長以上を指す。仕事と育児の両立支援重視型の女性活躍を進める株式会社ふくやでは、女性の職場定着が進み女性管理職候補が育っている。

　株式会社ふくやの両立支援を見る。育児休業制度は法律に準じた内容である。取得者の大半は女性で、男性が1カ月取得した例もある。株式会社ふくやの育児休業の仕組みは、休業前から復帰後の支援体制と勤務体系の細やかさに特徴がある。図5は育児休業前後の人事課による支援を示したものである。支援は大きく「休業前ヒアリング」「休業中の情報発信」「復帰前ヒアリング」「復帰後ヒアリング」である。「休業前ヒアリング」は育児休業制度の説明と家族の支援状況等の確認であり、合わせて出産・休業時のアドバイスを行う。「休業中の情報発信」では冊子やDVD等で社内報を送付する。「復帰前ヒアリング」は職場復帰の2カ

特集 「女性活躍」政策下の労働

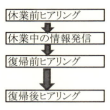
休業前ヒアリング　　育児休業制度の説明、家族の支援状況等の確認
　　　↓　　　　　　　　※夫婦参加を呼びかけ
休業中の情報発信　　社内報の送付など
　　　↓
復帰前ヒアリング　　2カ月前:勤務体系の説明、保育園・家族の支援状況等の確認
　　　↓　　　　　　　　※夫婦参加を呼びかけ
　　　　　　　　　　1カ月前:職場決定
復帰後ヒアリング　　勤務体系の変更・継続確認等

図5　株式会社ふくやの育児休業前から職場復帰後の支援
出所：聞き取り調査および社内資料より作成。

月前に行い、復帰後の勤務体系を説明し保育園利用や家族支援状況等を確認する。「復帰後ヒアリング」は勤務体系の変更の有無等を確認するもので、通常勤務体系に戻るまで行われる。株式会社ふくやでは、2014年から休業前と復帰前のヒアリングに夫婦での出席を呼びかけている。企業が提供する支援の限界を示し、仕事と育児の両立への夫婦での対応、特に夫の育児参加を求めることが狙いである。妻の育児休業取得に際し妻の勤務先からヒアリング出席を求められた夫は、「呼ばれると思わなかった」と驚きつつも「せっかく説明してくれるなら来ようと思いました」とし、他社勤務者も出席している。

次に表5で職場復帰後の勤務体系を見る。勤務体系は勤務時間、休日、残業の可否を組み合わせた6パターンを基本に、勤務時間を30分刻みで設定できる。利用期間は原則3年であるが、育児環境に応じて小学校入学前まで利用可能である。最も選択されるのは、④の平日のみの8時間勤務で残業無しである。福岡市の認可保育園の開所日は月〜土曜日、開所時間は午前7時〜午後6時であり、認可保育園の休日とお迎えに対応できる勤務体系が選ばれていると言える。[17]

表5　株式会社ふくやの職場復帰後の勤務体系

	勤務時間	休日と残業の可否	備考
①	8h	土日祝日も勤務（通常どおり）	
②	8h	平日のみ勤務、土日祝日の勤務無し	認可保育園の休日に対応
③	8h	土日祝日も勤務、残業無し	認可保育園のお迎えに対応
④	8h	平日のみ勤務、土日祝日の勤務無し、残業無し	認可保育園の休日とお迎えに対応
⑤	6h	土日祝日も勤務	
⑥	6h	平日のみ勤務、土日祝日の勤務無し	

出所：聞き取り調査と社内資料より作成。

育児を前提に編まれた勤務体系は、保育園の送迎をはじめとする育児の主たる担い手である女性にとって大きなサポートである。しかし職場では早朝、夜間、土日祝日勤務が制度の非利用者に偏在しがちなことから労働者に不平等感を生み、職場の分断と士気低下を招く恐れをもたらしている。そこで人事課は、制度利用者ができるだけ通常勤務に近づくよう自らの工夫を促す取り組みを開始した。すなわち制度利用者の「夫が土日休みでも、夫一人で一日子どもの面倒を見れない」との声をもとに、休業前と復帰前ヒアリングへの夫婦出席を求め、夫に親としての自覚と育児参加を促したのである。人事課は女性が出産退職するのは企業の損失とし、仕事と育児の両立支援策の重要性を疑っていない。通常勤務への自助努力を求める姿勢は、両立支援の縮小と解することはできない。むしろ限られた範囲とはいえ夫婦の役割分業に踏み込む挑戦であり、社会全体では女性を多く雇用する企業が両立支援コストを負担する状況を改善するものと評価される。

６．女性活躍推進に対する女性管理職の意識

　女性活躍推進の取り組みと効果を確認した。最後に女性活躍に向けた課題を探るべく、女性管理職ネットワーク「WE-Net福岡」による調査と女性管理職への聞き取りから女性管理職の意識を考察する。[18]

（１）女性活躍推進への冷静な眼差し

　女性管理職は女性活躍推進の取り組みを冷静に見ている。「WE-Net福岡」による１期生調査では、女性活躍に「経営層の理解あり」とする回答は約70％であるが、「本音と建前があるような気がする」「優先順位が低く、女性活躍推進は後回し」との注釈がつく。このため女性活躍の具体策に関して「女性の登用について経営指針や経営計画で明示している」「女性の登用について具体的に取り組んでいることがある」のは約50％に低下し、「業務付与に性差があると感じる」者こそ21％であるが、「管理職登用に性差があると感じる」者は42％に倍増する。女性活躍推進は時代の流れと受け入れているが自社での必要性は感じておらず、組織的方針を設けず場当たり的に対応している様を冷静に分析している。

特集　「女性活躍」政策下の労働

　経営層の曖昧な態度に、矛先を向けられた女性管理職の意識は複雑である。まずは女性活躍推進に対する「何でいまさら」という想いである。彼女たちは女性活躍推進に表立って異を唱えはしないが、わだかまりを感じている。現在50代の女性は、男女雇用機会均等法施行後に何度も期待して裏切られた経験を持つ。掛け声ばかりの女性活躍推進への疑念と、処遇の公正性を欠いたまま一部女性の引き上げに終始した女性活用への遺恨が読み取れる。とはいえ引き受ける責任も見られる。彼女たちは「女性初」を切り拓いた先輩に引き上げてもらった恩義があり、繋がれたバトンにチャンスを活かすという想いを抱いている。彼女たちは「頑張ってきた女性の先輩がいる」とし、乗るに乗れない女性活躍の取り組みを「ポジティブ・アクションが必要な時期」と自分に言い聞かせる。そして後輩女性に道を拓くためにも「ボードメンバーになる」と心に決め、前へと進むのである。

(2) 職場での疎外感

　しかし女性管理職を取り巻く職場環境は厳しい。女性活躍推進に対する男性の反応は職場の平等度に応じて異なるが、聞き取り調査では男性が「女性だから」と解釈し能力本位の昇進ではないとする様子が聞かれる。管理職昇進は「椅子取りゲーム」という現実のもと、女性活躍推進の風潮をあげて女性の昇進を「女性だから選ばれた」と揶揄する、「女性管理職は女性を選ぶ」と噂し女性が昇進候補者になるのを牽制するなどである。男女平等度の低い職場では、女性の管理職登用は管理職における「女性枠」拡大と理解されがちである。性別に依らない公正な処遇という理解とは距離がある。

　女性の態度も悩ましい。女性活躍推進をチャンスと捉え昇進に前向きな女性もいるが、多くは昇進意欲が低く異動や昇進を頑なに拒否する態度を示す。彼女たちは女性を補助労働者として扱ってきた職場風土に適応し、キャリア形成よりも就労継続を優先する傾向にある。そのため異動や昇進を自主退職に追い込む「嫌がらせ」と理解する。それは家庭責任等の「女性役割」を盾にした、男性の働き方から身を守る方法でもある。そのため女性管理職等のキャリア形成を否定しない女性に不信感を表しもする。

　職場では男女双方からキャリア志向とみなされ、疎外されがちな女性管理職の

姿が浮かび上がる。しかし女性管理職が渇望しているのは、仕事を通じた成長と正当な評価である。女性管理職が自らの仕事やキャリアを語る言葉には切実さがある。「一両日中に自分の能力が高まったり、職位が上がるわけではない。その時の業務を一歩一歩やっていけばいい。（そうして）頑張っている人がふつうに評価されて管理職になれるのが良い」（部長・サービス業）、「自分はキャリア志向ではない。何のためと聞かれれば、家族のために働いていると即答できる。家族にはこの会社も含まれる」（責任者・製造小売業）、「本当はいろんな生き方があっていい。専業主婦もいい。でも今は過渡期。女性が政策決定の場にいることが重要」（次長・公務）。

　女性管理職は仕事を通じた成長と正当な評価を求めている。そうした働く者として当たり前の姿勢をキャリア志向と括ることは、個人的選択という解釈を生み出す。それは性別に依らない公正な人材育成と処遇の確立という組織的課題を、女性の個人的問題にすり替える危険を生み出している。

まとめ

　本稿の目的は地域経済での女性活躍推進に焦点を当て、地域に拠点をおく中小企業の取り組みと女性労働者の意識に見る女性活躍推進の課題を考察することである。そこで地域経済発の女性活躍推進の先進事例である福岡県を対象に、「女性の大活躍推進福岡県会議」の活動、女性活躍を進める企業事例として福岡信用金庫と株式会社ふくやの取り組み、女性活躍推進に対する女性管理職の意識を分析した。

　まず福岡県で女性活躍の取り組みが進む背景には、経済活動が活発な現在こそ労働力不足等の将来的課題に備える必要があるとする経済界の基本認識があり、それが経済界主導の取り組みを生み出していること、同時に行政や女性による活動の蓄積が取り組みを具体化していることが明らかにされた。2013年5月から実施されている「女性の大活躍推進福岡県会議」は、女性管理職に関する目標値を企業が自主的に設定・宣言することを突破口に女性人材育成と職場環境整備の進展を目指す活動で、企業が独自に取り組んできた女性活躍を後押しし、未着手の

取り組みを促す役割を果たしている。

　中小企業での女性活躍の取り組みは、労働力不足に端を発している。ただし労働力不足の要因と取り組み内容は各企業で異なる。福岡信用金庫は能力発揮を軸とした女性活躍を進めている。福岡信用金庫では、従来は新卒採用市場での優位性から男性中心の人材育成を行い、性別職務分離を敷いてきた。近年は金融危機後の新規採用抑制による管理職候補世代の過少を要因として、女性の積極的登用、研修による業務拡大、中途採用を行い、管理職昇進を見据えた女性人材の育成に乗り出している。株式会社ふくやは両立支援を軸とした女性活躍に取り組んでいる。主要業務の主力である女性が早期退職する損失を防ぐべく、両立支援を整備している。ただし利用者の増加にともない、制度の非利用者との負担の公平性という新たな課題が生じている。そこで制度利用にあたり夫婦ヒアリングを実施し、企業が提供する支援の限界を示し本人と配偶者の自覚的取り組みを促している。

　女性管理職による企業等の女性活躍推進への評価は、形だけの女性活用にとどまった過去を踏まえ、組織の動きを見極めようとするものである。それでも引き継がれたバトンを繋ぐ責任と仕事を通じた成長欲求から、仕事に誠実に向き合い正当な評価を求めている。女性管理職は、男性の抵抗と女性のキャリア形成への懐疑的態度に職場での疎外感を感じている。そうしたなか「女性の大活躍推進福岡県会議」の活動のひとつである女性管理職ネットワークは、組織内で孤立しがちな女性管理職に、悩みや解決策を共有する仲間とロールモデルを提供し、仕事に直接生きる関係をもたらしている。

　女性のキャリア形成に向けた課題は、公正な人材育成と処遇の確立にある。能力発揮重視型の女性活躍は、職務配置や人事考課等に内在するジェンダーを掘り出し、性別に依らない評価を行う必要を示している。両立支援型の女性活躍は、育児に特化した支援制度への労働者の不公平感を示し、用途や対象を限定しないワークライフバランス施策の必要性を提起している。総括すれば、女性のキャリア形成を女性個人の選択に置き換えず、男性中心の人材育成と処遇方法を見直す組織的課題と捉え取り組む必要があると言える。

(注)

(1) 「女性の大活躍推進福岡県会議」の共同代表である松尾新吾氏（九州経済連合会名誉会長）は、日程調整がつかず調査できなかった。
(2) 総務省「就業構造基本調査」平成24年版。
(3) 九州地域の経済界首脳によるフリーディスカッションという非公式会議。懇談会の議題と内容は、懇談会の事務局（九州経済連合会）から当日の配布資料を提示いただき確認した。
(4) 1998年の稗田慶子氏、2006年の海老井悦子氏、2015年の大曲昭恵氏と、福岡県では知事交代を挟んで女性副知事が3代続いている。
(5) 「子育て応援宣言企業」登録制度とは、子育てしながら働き続けられる社会の実現を目指し、経営トップ自らが従業員の仕事と子育てを応援することを宣言し県が登録する制度であり、2016年1月14日現在で5,259社が登録している。
(6) 株式会社アヴァンティ（1993年創業）は、主に福岡市と北九州市の働く女性を対象にキャリアとライフスタイルを応援するネットワーク型フリーペーパー『avanti』を発行し、働く女性向けイベントやマーケティングを実施している。女性が一歩前に踏み出すことを応援する企画・編集方針は福岡の働く女性の生き方に影響を与えており、2013年に「女性の自立、社会進出を応援する媒体としてコンテンツがしっかりたっており、女性を対象にした各種イベントと連動して福岡の女性を導き鼓舞し続けてきた媒体」として一般社団法人日本フリーペーパー振興協会主催（経済産業省・観光庁・日本観光振興協会後援）「日本フリーペーパー大賞」審査員特別賞を受賞している。
(7) 福岡県男女共同参画センター・あすばるの事業内容は、情報・調査事業、相談支援事業、人材育成事業、社会参画環境整備事業である。公的機関として、男女共同参画の視点から地域づくりや女性が抱える課題解決の取り組みを進め、特に支援を必要とする人々に向けた活動を多数手掛けているほか、働く女性を対象とした活動を充実させている。
(8) 九州経済産業局産業人材政策課「女性活躍フォーラムin福岡『トップの意識が変われば現場が変わる』──女性の活躍が、企業の成長・地域の活力につながる」開催結果報告。
(9) 事務局は福岡県新社会推進部男女共同参画推進課内である。同様の女性海外研修事業は他の自治体でもあったが、福岡県は世界情勢悪化による中断を挟み今日まで実施している。
(10) 株式会社アヴァンティの創業者である村山由香里氏は、男女雇用機会均等法ができても硬直した男性社会が変化するわけではないとし、『avanti』の創刊理由について「福岡で働く女性たちに、『今のままの自分で、がまんしなくていいのよ』『あなたには、もっと可能性があるの。信じて』『自分が本当にしたいことをして、生き生き輝く人生を謳歌して欲しい』、そんなメッセージを送りたくて、情報誌アヴァンティを創刊した」と述べている（アヴァンティ編集部、1998:2）。
(11) 麻生氏は福岡県知事退任時の記者会見で、「やり遂げられなかったことはあるか」との記者団の問いに、女性が活躍する社会づくりが思うように進まなかったことだとし、「女性の社会進出。女性が多くの分野で意思決定の主役になり、実行の推進力になる社会になることが不可欠だ」と回答している（『西日本新聞』2011年4月23日朝刊）。麻生氏

特集 「女性活躍」政策下の労働

は旧通産省での各国代表との交渉会議で相手国の交渉団の責任者が女性、3分の1が女性という状況に「日本は極端な男性社会」であると痛感していたという。そのため1995年の知事就任時に「女性の活躍を推進する社会にしないといけないと思っていた」とする。1999年の男女共同参画社会基本法施行後は社会のあらゆる領域で男性と女性の共同参画が進められたが、男女とすることで焦点がぼやけ「女性活躍への力が削がれる」結果となったと述懐する。そこで知事辞任後に「主語が女性の運動に切り替えたい」と考え、女性活躍による経済発展と打ち出した運動体を構想したという。麻生氏は「今、何が大事かを見極めて行う」「それがリーダー」とし、社会変革の突破口に経済発展が有力だったと語る。

(12) 「"私"のやる気をダウンさせたボスのひと言」では、「大変だからしなくていいよ」「子育て中だから定型的業務がいいよね」等が挙げられている。これに対する「女性社員の気持ち」では、「気を遣ってくれているのかもしれないけれど、男性社員と同様に仕事を割り振ってもらいたい」「やりがいをもって、がんばっていたのに…。子育て中とひとくくりで見るのではなく、仕事ぶりをちゃんと見てほしい」等が紹介されている。
(13) 2015年7月1日現在の数値である。なお管理職は代理以上である。
(14) 「女性の大活躍推進福岡県会議」で、業界をあげた宣言は信用金庫が初めてである。女性管理職目標を宣言したのは、福岡県信用金庫協会加盟の全8信用金庫（飯塚信用金庫、大牟田柳川信用金庫、大川信用金庫、遠賀信用金庫、田川信用金庫、筑後信用金庫、福岡信用金庫、福岡ひびき信用金庫）である（「女性登用一斉に目標」『日本経済新聞』2015年3月27日）。
(15) 一般社団法人全国信用金庫協会「しんきん再就職支援ネットワーク」要綱。
(16) 2015年10月1日現在の数値である。
(17) この他、開所時間が午前11時～午後10時の夜間保育所が市内に2カ所あり、前後に各4時間の延長保育を実施している。
(18) WE-Net福岡「女性管理職ネットワークWE-Net福岡 概要と活動について」。

〔参考文献〕

アヴァンティ編集部、1998、『27歳の迷路―脱出の手引書』vol.1、ファウプ。
一般社団法人九州経済連合会、2014「九州における女性活躍推進に関する提言―人口減少時代の九州企業の発展のために」非公刊。
駒川智子、2014、「女性活躍推進施策の内容と諸特徴―内閣府、経済産業省、厚生労働省の施策を対象に」『北海道大学大学院教育学研究院紀要』第121号。
駒川智子、2015、「金融業の業態別にみる女性活躍推進の取り組み」『現代女性とキャリア』第7号、日本女子大学現代女性キャリア研究所。

構造改革・安倍女性活躍政策と雇用構造・ジェンダー

三山　雅子
(同志社大学)

はじめに

　内閣に設置され日本経済の「再生」に向けての企画・立案・総合調整を担う日本経済再生本部が発表した「日本再興戦略 改訂2015」によると、「女性の活躍推進」は「Ⅱ.1.未来投資による生産性革命」の「(3) 個人の潜在力の徹底的な磨き上げ」に位置づけられ、「長年にわたり男性中心で動いてきた職場に従来にない多様な価値観をもたらし、イノベーションの創出にもつながるもの」であり、「女性の活躍する場が広がることで、——これまでにない形での経済成長の実現が可能となる」[1]ものとされている。つまり、日本経済再興の一環として女性の活躍は位置づけられている。その意味で、安倍政権が進める女性施策は、グローバル化の進行とともに激化した国際競争に適合的なものに既存社会を作り替えていく動きである構造改革の一環ということができよう。

　雇用労働分野では、安倍政権の女性活躍施策以前から構造改革が進められてきたが、その結果は旧来型正社員の限定と多様な正社員の創出および非正社員の拡大であった。90年代後半以降、若年層、とくに男性にも非正社員化が進行するにおよんで、正社員と非正社員の間にある処遇の違いが格差問題として社会問題化したが、アベノミクスはこのような状況を変えることができなかった。だからアベノミクス第2ステージ「ニッポン一億総活躍プラン」においては、一億総活躍社会の実現に向けた横断的課題として働き方改革が位置付けられ、非正規雇用労働者の待遇改善は待ったなしの重要課題とされ、同一労働同一賃金の実現に踏み込むことが明記された。[2]

　最大の非正社員であるパートについてこの間の研究動向をみるならば、当然の

ことながら処遇格差、とりわけ賃金格差とその是正に議論が集中している。また、正社員と非正社員の処遇改善の切り札として同一労働同一賃金原則に社会的にも関心が集まっている。同原則は現時点では同一価値労働同一賃金原則へと発展し[3]ているが、この視点から日本のスーパーで働く正社員とパート（役付パート・一般パート）の賃金について分析を行ったのが森・浅倉（2010）である。森・浅倉（2010: 111-117）は（1）仕事によってもたらされる負担、（2）知識・技能、（3）責任、（4）労働環境の4つを基準に、スーパーの販売・加工職を職務分析・職務評価を行ったが、職務価値の比率は正規・役付パート・一般パートで「100:92.5:77.6」であるのに対し、年収換算の時給比率は「100:63.9:47.6」であった。

　このような賃金格差についてパート・非正規労働者がどう考えているのかについても研究が重ねられてきている。たとえば非正社員と正社員の賃金格差の納得性について分析した永瀬（2003: 9-12）は、仕事や責任が正社員と差がないほど、勤務時間の長さや自由度、休みの取りやすさ等で正社員と差がないほど、賃金格差に対する納得度合いは低くなることを明らかにしている。また、人事管理施策の視点を導入してパートの基幹化が賃金満足度に与える影響を検討した島貫（2007: 67-71）は1）パートの質的基幹化は賃金の不満を高めること、2）パート従業員間の公正性を確保する施策（業績に応じた評価や評価結果に対する苦情への対応など）やパートと正社員の間の公正性を確保する施策（パートと正社員の均等処遇やパートから正社員への転換制度など）は、賃金の不満を低下させるけれど、3）公正性施策はすべてのパートの賃金の不満を同じように低下させるわけではなく、たとえば一連の公正性施策は、仕事志向パート[4]の賃金の不満を低下させるが、生活志向パートの不満を低下させることは難しいことを指摘している。さらに、労働契約法への対応として多くの企業が取り組むと考えられる限定正社員制度・正社員転換制度の導入の有無とパートの分配的公正感の関係を分析した平野（2015: 54-55）は1）短時間正社員制度の導入はパートの分配的公正感を高めるが、2）正社員への転換制度の導入はパートの分配的公正感を低める傾向があること、3）正社員への転換制度の導入がパートの分配的公正感にマイナスの影響を与える傾向は、パートが組織都合の拘束（組織都合の転居転勤・職種を変える配置転換・突発残業・休日出席・勤務時間変更）を受容する程度が高い場合、

一層顕著となることを発見している。

　以上先行研究をみるならば、パートの担当している仕事や責任が正社員と同一・類似するか否かという、雇用形態と仕事分担の関係がパートの賃金に対する満足度や不満に影響を与えていることに加え、職種・勤務時間・勤務場所が無限定であるかどうかおよびこのような無限定性を受容するか否かという労働（生活）志向性ともかかわっていることが明らかである。つまりパートの賃金に対する評価は、担当している仕事・責任のみならず働き方の自由度——裏面からみるならば企業からの拘束度——とかかわっている。

　さらに先にふれた同一労働同一賃金の実現についてみるならば、今後どのような賃金差が正当でないと認められるか、ガイドラインを制定することとなった。このガイドラインについて検討している厚労省の同一労働同一賃金に向けた検討会の第3回までの審議をみると、日本企業における正社員と非正社員の担当職務以外の違いに、つまり人材活用の仕組みに関心が注がれている。日本の雇用システムの中核に存在している職務・勤務時間・勤務場所が無限定である長期勤続の正社員を基準として、その無限定正社員と非正社員の異同が焦点になっている。また法規制については、EU諸国における同一労働同一賃金をめぐる最先端の状況として、「賃金や処遇に差が設けられている場合に、それを正当化する客観的な理由があればそれは認められる」（圏点引用者）こと、客観的な理由として「ヨーロッパでも労働の質や勤続年数やキャリアコースなどの違いが、同一労働同一賃金原則の例外となる要素となり得る」ことが紹介されている。つまり同一労働を担当していても人材活用の仕組みが異なる場合、どのように同一労働同一賃金原則に組み込んでいくのか、人材活用の仕組みの違いがいかなる賃金・処遇の違いに結果する時に合理的なのか、換言するならば均衡がとれているとみなせるのかが、今後詰められていくと思われる。

　パート・使用者双方において現在担当している仕事それ自体に加え、働き方の自由度、つまり職務・勤務時間・勤務場所の限定度合いが賃金を考えていく上で枢要な事柄となっている。それゆえ職務に加えて、人材活用の仕組みとそれに張り付いている働き方の不自由さと自由さがいかに作り出されているのか、つまり人事システムが働き方をいかなるものとして構築しているのか、また人事システ

特集 「女性活躍」政策下の労働

ムと雇用形態・ジェンダーとの関係が問われなければならないであろう。

2. 本稿の課題・目的と調査概要

(1) 本稿の課題と目的

このような状況認識の下、本稿は次のように課題と目的を設定する。本稿の課題は、第1に構造改革が産業規制を変えることによって事業環境にいかなる影響を与えたのか、またその結果、職場の有り様がどのように変化したのかを明らかにすること、第2に人事システムの分析を通して、構造改革の一環としての女性活躍施策が展開される下で、女性労働者がいかなる状況にあるのかを、雇用形態に留意して描くこと、第3に雇用形態及び同一雇用形態内の雇用区分線がいかなる論理の下に作られているのかを描くことである。以上の3つの課題の解明を通して、本稿は構造改革が日本の雇用構造と職場におけるジェンダー力学にいかなる変化を刻印したのかを明らかにすることを目的とする。

本稿はこれらの分析をスーパーを対象として、しかも昇進していない非正社員に可能な限り焦点をあてて分析を行う。ここでスーパーを対象とするのは、第1にこの産業が1989年の日米構造協議以降、営業時間や出店に関する規制を撤廃してきた産業であること、つまり規制緩和の波が押し寄せた典型的な産業であること、第二に職業小分類レベルでみた時、最も多くの非正社員が働いている職業が男女とも販売員であること、第三に労働者に占める女性比率、非正社員比率が高く、この間進められた職業生活と家庭生活の両立施策やパートタイマーへの均衡処遇が典型的に行われた、つまり男女共同参画が進められた産業である。その意味で構造改革下における男女共同参画施策・女性活躍施策が非正社員・正社員両者に何をもたらしたのかを、またパートへの均等・均衡処遇実施が非正社員・正社員にいかなるインパクトを与えたのかを考察するにふさわしい産業と考える。さらに本稿が特に関心を注ぐのは平の非正社員である。女性活躍が男女賃金格差の解消ではなく女性管理職比率を中心にとらえられている現在、管理職どころか正社員になることすら「ない」多数派の女性労働者にとって構造改革・男女共同参画施策・安倍女性活躍施策とはいかなるものかその実相をみることは、構造改

(2) 本稿の調査概要

スーパーのA・B労働組合とC産業別労働組合に対し、下記のインタビュー調査を行った。なお、調査は2015年度科学研究費補助金基盤研究A「ジェンダーの視点から見た日本・韓国・ドイツの非正規労働の比較調査研究」（研究代表者：横田伸子、課題番号：26257105）の支援を受け行った。また、A・B労働組合本部とC産業別労働組合本部の役員の方には、お忙しい中、原稿に目を通していただいた。ここに記して感謝の意を表したい。

- ・A労働組合本部　2015年2月
- ・B労働組合本部　2015年2月と9月
- ・B労働組合支部役員（関東の3つの支部）　2016年1月
- ・C産業別労働組合本部　2015年9月と2016年7月
- ・C産業別労働組合パートタイム役員リーダー会議　2016年1月と4月

3．構造改革とスーパー

(1) 構造改革とスーパーへの営業規制

まちづくり3法が成立する2000年までは、スーパーや百貨店などの大規模小売店舗（以下大型店）の営業は、1973年に成立した大店法の規制を受けていた。だから、大店法の規制内容をみていこう。本稿とのかかわりで枢要な大店法の規制は、1）大型店に該当する場合、店舗を自由に出店・増設することができなかったこと、および2）大型店の閉店時刻・休業日数は省令で定められており、自由に営業時間・休業日数を設定することができなかったことの2点である。2）の閉店時刻・休業日数は、当初省令により閉店時刻は18時、休業日数は10大都市月4日、その他は月2日となっていた。したがって、閉店時刻を18時以降にする場合、また休業日数を省令で定めた日数未満にする場合は、通産大臣への届出が必要であった。

以下では本稿に必要な限りにおいて、この2点について大店法の変化をみてい

こう。1978年に大店法の規制対象となる店舗面積は、法制定時の1,500㎡（第1種大規模小売店舗、以下第1種）以上に加え、500㎡以上1,500㎡未満（第2種大規模小売店舗、以下第2種）のものにまで拡大した。これ以降1980年代後半に入るまで規制は強化・維持された。[11]しかし、1980年代に入って円高が進行するにもかかわらず、貿易収支の不均衡が解消しないこと、また円高メリットが消費者に還元されないことや内外価格差の存在が指摘されるようになる中で、流通段階での規制にも注目が集まるようになった。たとえば1986年に発表され、構造調整により日本経済の国際協調型経済構造への変革を図ることが急務であることを指摘した前川リポートは、流通・販売に係る諸規制の見直しを提言していた。また米国・ECからも出店規制緩和が要請され、[12]OECDの対日審査報告（1988年版）でも大店法の見直しが要求されていた。[13]さらに1989年に開始された日米構造協議では、貿易不均衡の要因は日本市場の閉鎖性にあるとして、米国は大店法による規制についても言及し、日本は同協議の最終報告において、大店法について規制緩和の措置を展開すること及び同法の改正を約束した。[14]日本経済がグローバルな競争力を拡大した結果として、規制緩和しなければならない状況に追い込まれたのである。

　その結果、1990年には出店調整期間に上限（1年半）が設定され、届出が不要な閉店時刻が18時から19時へ、届出が不要な休業日数が月4日以上から年間44日以上へと規制が緩和されること（運用適正化措置）となった。そして1991年の大店法改正では、第1種の面積が3,000㎡に、第2種の面積が500㎡以上3,000㎡に引き上げられ、出店調整期間も1年に短縮された。さらに1994年には通達で、店舗面積1,000㎡未満の出店は原則調整不要（＝自由化）となり、届出が不要な閉店時刻も19時から20時へ、届出が不要な休業日数も年間44日以上から24日以上へと一層の規制緩和が行われた。

　このような規制緩和の流れの中で、大店法は2000年に廃止され、中心市街地活性化法・大店立地法・改正都市計画法からなるまちづくり三法が成立し、大型店についての規制は大店立地法により行われることとなった。大店立地法は大型店の立地が周辺地域の生活環境を保持しつつ適正に行われることを確保するための手続を定める法で、大店法にあった中小小売業の事業活動機会の適正な確保と

いう側面はなくなった。大店立地法の対象となる店舗は店舗面積が1,000㎡以上のもので、大店法の調整4項目（店舗面積・開店日・閉店時刻・休業日数）については、休業日数についての届出規定がなくなり、店舗面積、開店日、閉店時刻に加え、開店時刻を都道府県に届けることとなった。閉店時刻・開店時刻については騒音等の環境配慮の面から考慮されるのみで、具体的な時間規定はなくなった。以上の大型店についての規制で、スーパーの雇用との関係で重要な点は、1）出店規制検討対象となる店舗面積が500㎡以上から1,000㎡以上に引き上げられ、規制が緩和されたこと、大店立地法においては、2）休業日数についての規定がなくなったこと、および3）閉店時刻・開店時刻については届出が必要とはいえ、具体的な規制時刻がなくなったことの3点である。

　大店法は中小小売業の事業活動経に与える影響の有無との関係で大型店の出店を調整していたが、それは別な面からみれば大型店同士の競争も規制していたといえる。こういった競争抑制的な側面が大店立地法には存在していない。また、閉店時刻は店舗で働く労働者の勤務時間帯にかかわるが、この点からの規制もなくなった。そして休業日数が自由化されたことは、年中無休といった営業形態（＝店休日の消滅）を生み出すことに繋がったが、それは当然にも、労働者の休日に影響を与える。それ故、次項ではこのような規制緩和がスーパーに与えた影響をみていく。

（2）店舗営業時間と販売額の動向

　最初に営業時間の動向をみてみよう。表1は百貨店と総合スーパーの閉店時刻の変化をみたものである。規制緩和前の1985年においてはほとんどの店舗が午後7時59分までに閉店していた。しかし、1990年の大店法適正化措置の実施を境に、午後8時台閉店の店舗が増加し、具体的閉店時刻の規制がなくなった2000年以後は、午後9時以降に閉店する店舗が多数派になり、深夜の午前0時以後に閉店する店舗も1割程度を占めるようになった。次に表2で開店時刻をみると、1985年時点では午前10時台開店店舗がほとんどであったが、大店法廃止以後は午前9時台に開店する店舗が増加し、2007年以降3割を占めるに至っている。また2014年においては、さらに早い午前7時59分までや午前8時台に開店する店

特集　「女性活躍」政策下の労働

表1　百貨店・総合スーパーの閉店時刻

	午後12時～午後7時59分まで	午後8時台	午後9時～午後11時59分	午前0時～午前11時59分
1985年	96.2%	2.7%	1.0%	0.1%
1991年	85.3%	12.9%	1.7%	0.1%
1994年	42.3%	42.4%	15.2%	0.0%
2002年	12.3%	36.6%	48.3%	1.6%
2007年	7.6%	19.5%	58.2%	9.8%
2014年	7.8%	13.4%	64.2%	11.1%

注：不詳を除いた値である。
出所：商業統計各年。

表2　百貨店・総合スーパーの開店時刻の変化

	午前7時59分まで	午前8時台	午前9時台	午前10時台
1985年	0.1%	0.3%	7.6%	91.6%
1991年	0.0%	0.1%	3.1%	95.3%
1994年	0.1%	0.4%	3.0%	95.3%
2002年	0.2%	0.3%	10.0%	88.2%
2007年	0.3%	0.6%	32.7%	61.2%
2014年	19.7%	6.6%	30.5%	39.6%

注：不詳を除いた値である。
出所：商業統計各年。

舗も合わせて25%程度占めている。その結果、総合スーパーの1日の営業時間は、10時間未満の店舗が1985年94.7%、12時間以上が0.6%であったものが、2014年にはそれぞれ2.4%、76.0%と逆転し、長時間営業化した。また、終日営業店舗も2002年以降出現し、2014年時点で3.9%を占めている。

　次に総合スーパーの店舗における販売の動向を、図1によってみていこう。年間販売額は1997年をピークに減少傾向を続けている。一方1店当たり売場面積は2007年まで、拡大傾向を続けている。その結果、販売効率を示す売場面積1㎡当たりの年間販売額は1991年以降減少し続けている。この間、ユニクロ、ビックカメラ、マツモトキヨシ、ニトリのような専門店やネット通販といった新しい販売チャネルが台頭する中で、販売競争が激化した結果と考えられる。このような厳しい販売環境の中で、総合スーパーは店舗数を減少させている。では、スーパーはこのような厳しい競争にいかに対応しようとしてきたのか、以下それをみていこう。

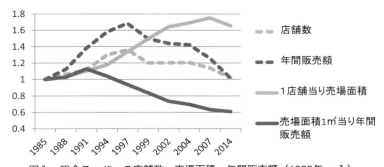

図1　総合スーパーの店舗数・売場面積・年間販売額（1985年＝1）
出所：商業統計。

(3) 販売競争激化へのスーパーの対応

このような厳しい販売競争に、スーパーは二つの方法で対処してきた。一つは商品の発注（卸にとっては受注）－入荷（同、出荷）－販売といった小売りの全過程を貫くITネットワーク化である。もう一つは、労働力構成の再編成である。

1）ITネットワーク化の進行

既に1980年代後半に発注情報と販売時点の情報は電子化されていたが、それに加えて取引先である卸・メーカーからの出荷（入荷）情報も電子化されるようになった。その結果、1取引ごとに取引ナンバーが付いて、発注→出荷→受領→請求→支払を通貫して単品ごとに「物の流れ」・「お金の流れ」が時系列で正確にわかること（＝ターンアラウンド型受発注）が可能になった。こういった物流と販売の全過程を貫くITネットワーク化がスーパーの仕事に与えた影響を、たとえば発注・仕入れにかかわる労働でみると、1)～3)のように効率化・省力化効果を有していることがわかる。

1) 発注データ・返品データ・受領訂正データと出荷データをPC上で突合して受領（＝検収）データを作成（＝仕入確定/計上）することが可能となり、仕入確定/計上までの期間が短期化された。さらに受領データを卸からの請求データとPC上で照合することにより、支払照合を行うことが可能になった。つまり伝票作成に伴う入力業務や支払照合業務が削減された。また、電子帳簿保存法の

特集 「女性活躍」政策下の労働

要件を満たせば、仕入伝票を印刷・保管する必要がなくなり、印刷・保管コストが削減された。

2) 卸から納入された商品にはICタグが添付されているため、自動スキャンすることが可能となった。つまり、検品作業の省力化や自動化（＝無人化）が可能となった。

3) 受領データ・出荷データが電子化された結果、店舗の在庫情報も電子化された。その結果前日在庫からPOS売上データを引くことにより、当日在庫がわかるようになり、自動発注が可能となった。[19]

さらにこのようなITネットワーク化に直接かかわるものではないが、セルフレジの導入も進められた。通常のレジはレジ1台に従業員が1人必要だが、セルフレジは4台程度のレジに1人の問合せ対応係員を配置する場合が多く、レジ要員の省力化が可能となった。[20]その結果、日本チェーンストア協会（以下協会）通常会員企業について1985年を1として2014年と比較するならば、2014年には1店当たり売場面積は1.48と拡大しているにもかかわらず、1店当たり従業員数は0.86と減少し、従業員1人当たり売場面積は1.7と拡大している。つまり、より広くかつ営業時間が拡大した店舗を、少ない従業員数で運営するようになった。[21]

2) 労働力構成の再編成[22]

では次に構造改革を挟んで、スーパーは労働力構成をこの間いかに変化させてきたのかを、先と同様に協会通常会員企業でみていこう。表3でこの30年間の労働力構成の変化をみると、1) 1985年時点では、パートより正社員の方が多かったが、2000年には逆転してパートが多数派となり、2015年にはパートが従業

表3　雇用形態別・男女別従業員構成比と雇用形態別・男女別従業員数（1985年＝1）の変化

	従業員数計	正社員			パート		
		計	男性	女性	計	男性	女性
1985	100.0%(1)	61.0%(1)	35.0%(1)	26.0%(1)	39.4%(1)	1.7%(1)	37.3%(1)
2000	100.0%(1.5)	40.3%(1.0)	26.4%(1.1)	13.9%(0.8)	59.7%(2.3)	5.3%(4.8)	54.4%(2.2)
2015	100.0%(1.4)	23.1%(0.5)	18.0%(0.7)	5.1%(0.3)	76.9%(2.7)	10.7%(8.8)	66.1%(2.5)

注：パートは、パートとアルバイトの8h換算の人数である。
出所：日本チェーンストア協会。

員の76.9%を占めるに至っている。また雇用形態の内部を男女別にみていくと、2）2000年まで増加していた男性正社員も2000年以後は減少しているが、女性正社員は2000年時点ですでに減少傾向を示し、2000年以後も男性正社員を上回って減少している。その結果2015年において女性正社員は、従業員全体の5.1%を占めるに過ぎなくなった。3）パートの中心が女性であることにこの30年間変化はないけれど、男性パートの増加は激しく、2015年時点では全従業員の10.7%は男性パートになり、もはや例外的存在とはいえなくなった。**表4**でこの間の変化を、雇用形態とジェンダーという2側面からみるならば、1）正社員に占める女性比率は42.6%から22.1%まで減少した。一方女性パートは増加しているから、女性従業員総数に占める女性正社員比率は7.2%と1割を切ってしまった。この30年間、従業員総数に占める女性比率は増加したにもかかわらず、女性正社員はスーパーで働く人びとの少数派になった。2）男性正社員が減少する一方で、男性パートの増加は激しく、その結果2015年時点では男性従業員の37.3%はパートとなっている。男性＝正社員という図式は崩れ始めたといわなければならないであろう。さらに2014年商業統計でパート・アルバイト等の1日当たりの平均労働時間を算出すると5.2時間であり、多くは厚生年金・健康保険が付かない形で働いていると考えられる。以上をまとめるならば、男女を問わない実人数での正社員の減少と非正規化が進行したが、それはとりわけ女性により激しく現れたといえるであろう。

このように正社員が絞り込まれてくる中で、正社員の学歴構成も変化した。たとえば1980年代初頭の新卒正社員の中心は高卒であったが、[24] 2015年春のスーパー業界の採用計画数に占める高卒比率は30%[25] を切った。

表4　雇用形態とジェンダー

	従業員総数に占める女性比率	正社員に占める女性比率	女性従業員総数に占める女性正社員比率	パートに占める男性比率	男性従業員総数に占める男性パート比率
1985	63.3%	42.6%	41.0%	4.3%	4.6%
2000	68.3%	34.5%	20.3%	8.8%	16.7%
2015	71.2%	22.1%	7.2%	14.0%	37.3%

注：パートは、パートとアルバイトの8h換算の人数である。
出所：日本チェーンストア協会。

特集　「女性活躍」政策下の労働

4．構造改革後の職場

　これまで政府・業界団体の統計を基に、構造改革による規制緩和によってスーパー業界全体がどう変化したのかをみてきた。この間、大型店に対する規制が変化したことに加え、パート労働法の成立・改正等雇用にかかわる規制のあり方も変化してきた。以下では、このような変化がどのような形で人事システムに具体化していったのか、事例スーパーの労働組合へのインタビューにより考察していく。

(1) 事例スーパーにおける営業時間の決まり方と現況

　まず、事例A・Bスーパー（以下、A社・B社）の営業時間の決まり方と現在の動向についてみてみよう。営業時間延長の決定プロセスは、A社の場合は、会社から組合本部に申し入れをしてもらい、その後、当該店舗とその支部で労使協議会を開き、店舗労働者の勤務時間をどうするのか、防犯等の安全対策をどうするのかといった営業時間延長に伴う課題について確認・クリアーしてから実施することになる。B社の場合も、当該店舗の組合支部と組合の地域本部に申し入れをしてもらい、当該店舗で労使協議会を開催する。労使協議会では、延長の必要性やパートの勤務時間の調整等、延長するにあたって必要な事柄について話し合い、準備が整ったら延長を実施する。その後、営業時間の延長効果の有無を検証し、元に戻すか否かは店長の判断で決めている。このように会社提案の実行にかかわる課題を解消し、成功裏に実施するという視点から、営業時間の決定にA・B労組ともかかわっている。

　このようなプロセスを経てA・B社の現在の営業時間は、A社は年中無休で24時間営業の店舗(26)が多くなっている。B社も年中無休で、かつては24時間営業している店舗もあったが、現在は9時から22時を基本に、長い店舗の場合は7時〜24時、26時まで営業している。前項でみたように営業時間は長時間化し、店休日もなくなっている。

(2) 事例スーパーにおける人事システムと雇用構造
1）正社員・非正社員両者の多様化と人事システム

具体的な雇用構造をみる前に、A・B社の雇用形態と雇用区分についてみていこう。というのは、先にみたようにパートが増大するなかで、パートという雇用形態が多様化していることおよびB社においては正社員の働き方も多様化し、その結果、正社員の雇用区分も多様化が進行しているからである。つまり、スーパーの雇用構造を理解するには正社員・非正社員両者の多様な姿について理解することが必要なのである。

まずA社からみていこう。A社の社員は、1日8時間勤務で自宅からの通勤時間が90分以内の転勤有りの無期契約の正社員と最長1日7.5時間勤務で転勤無しの有期契約のパートに大きくわかれる。パートの労働時間は週20時間未満のSパートと週20時間以上働くパートにわかれる。さらに週20時間以上働くパートは、後述する社員資格等級によって労働時間が異なり、売場の管理的業務も担当する等級2パートからは週30時間以上働き、扶養からもはずれること（＝雇用保険・健保・年金加入）になる。組合員範囲は正社員と週20時間以上働く雇用保険加入のパートである。B社の社員は月間労働時間が160時間で転勤有りの正社員と160時間未満で転勤無しのパート社員にわかれる。正社員はさらに転居転勤の有無によって、①全国・海外への転居転勤有りの全国社員および②特定エリア内の転居転勤有りのエリア社員と③自宅からの通勤時間が90分以内で転居無し転勤がある地域社員の3つにわかれる。後述する社員資格階層が同じならば、全国・エリア・地域の年収比は100:90:80となっているが、これは転勤の大変さを反映させたためである。雇用契約期間は①・②が無期で、③は無期と有期（1年）の両方がおり、パートから転換した社員は有期である。また、パート社員は有期（半年）である。この他に、年末等の期間アルバイトや学生アルバイト等がB社には存在している。正社員と雇用保険に加入している月間労働時間87時間以上のパート社員が組合員である。両社とも労働時間と転勤の有無により雇用形態が決まり、雇用形態によって雇用契約期間が決まっていること、パートのうち労働時間の長い人たちを組織化していることがわかる。

以上、スーパーでは多種類の社員が働いていることがわかった。このように多種類の社員の企業内における役割と位置づけを示したものが社員資格制度であるから、以下これについてみていこう。**図2・図3**はA・B社の社員資格制度である。

特集 「女性活躍」政策下の労働

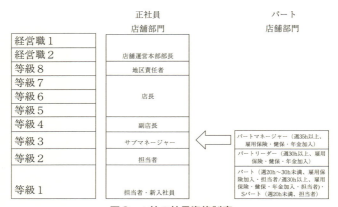

図2　A社の社員資格制度
出所：A社HPとA労組インタビューおよび資料を基に作成。

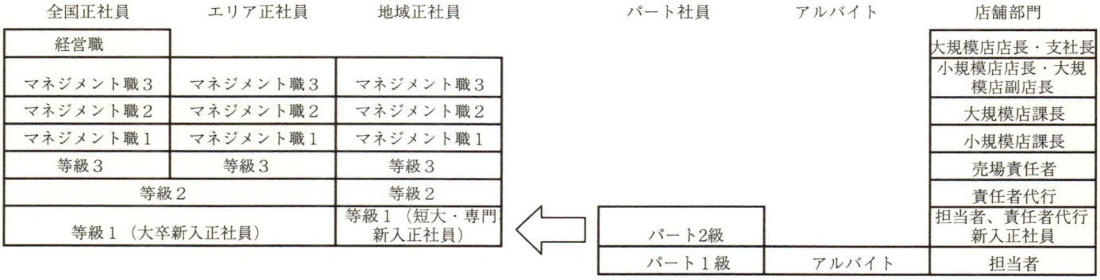

図3　B社の社員資格制度
出所：B社HPおよびB労組インタビューと資料を基に作成。

労働条件決定が企業ごとに行われているから、社員資格制度も企業ごとに異なっている。しかし、両社とも現時点では1）パートの最上位資格から正社員への転換が可能であること、2）正社員とパートの社員資格は別建てではあるが、その意味で接合していることは共通している。さらに正社員の雇用区分が多様化しているB社の場合、3）店舗管理や経営の中心的担い手である経営職への昇進は全国正社員のみとなっている。

　両社ともパートと正社員の資格制度が接合しているのは、パートと正社員の均等・均衡処遇が社会的関心になり、パート労働法が成立・改正したという社会動向に加え、売場の中核労働力であるパートに力を発揮してもらうためである。実際の転換状況についてみると、A社は等級3のパートマネージャーになった段階

でパート本人が希望すれば、試験等はなしで正社員の等級3に転換できる。2014年は59名（男性38名、女性21名）の人が転換している。B社はパート2級になった後、筆記試験と面接にパスしたならば地域正社員の等級1に転換でき、昨年は260名(33)が転換した。正社員に転換するためには、上記の条件を満たさなければならないが、それに加え、両社とも正社員になるにはフルタイム勤務ができること、転勤ができること、職場が必要とする時間帯にフレキシブルに勤務することができること、換言するならば時間的空間的制約なしに働くことが求められる。さらにこのような勤務条件を満たすことに加え、上を目指す意欲のある人であることが求められている。つまり現在のスーパーの正社員とは、品だし・レジといった売場実務はもちろんできなければいけないが、主たる業務はそれではなく、各レベルの店舗管理・経営業務の担い手として位置付けられている。

「会社としては正社員というところは、やっぱりマネジメントだったり、上をもっと目指していく存在。──」（A労組）
「（正）社員になってもらうので、将来的に売場責任者とか課長とか店長とか上のポストを目指す意欲のある人じゃないと（会社は）採りません」（B労組）

先にみた正社員学歴の大卒化は、高卒就職者の減少に加え、このような正社員位置づけの変化の反映と考えられる。一方パートは売場実務が中心的業務であることがわかる。

2）事例スーパーの雇用構造とジェンダー

このように位置づけの異なる多様な社員を両社はどのような構成で雇用しているのか。次いで両社の雇用構造を、組合員層を中心にみていこう。**表5・表6**が両社の社員構成を示したものである。両社とも正社員は20%を切っており、3-(3)-2）でみた全国の動向と同様の傾向を示している。パートの労働時間がわかるB社でみると、政府統計と同じく雇用保険のみか雇用保険の付かない短時間パートが多くなっている。B社の場合、配偶者の社会保険に加入している、自分が社会保険に加入すると配偶者の会社から配偶者手当が支給されなくなる等の理由

特集 「女性活躍」政策下の労働

表5　A社の社員構成（A労組組合員）

従業員区分	男女計	男性	女性
正社員	12.1%	9.3%	2.9%
パート	87.9%	18.9%	69.0%
雇用形態計	100.0%	28.2%	71.8%

注：この他に、全従業員の15%を占めるSパート（非組合員）がいる。
出所：組合資料。

表6　B社の社員構成（B労組組合員＋非組合員）

従業員区分	男女計	男性	女性
正社員（全国＋エリア＋地域）	19.2%	11.5%	7.7%
パート社員（月間120h以上、雇用保険・健保・年金加入）	12.7%	2.7%	10.0%
パート社員（月間87〜120h未満、雇用保険加入）	45.3%	4.4%	41.0%
パート社員（87h未満/非組合員）	22.7%	3.6%	19.2%
従業員区分計	100.0%	22.1%	77.9%

注：この他に、全従業員数の約7%を占めるアルバイト（非組合員）がいる。
出所：組合資料。

で収入調整しているパートも多い。さらに表は掲載していないが、A・B労組とも男性パートの過半数は20〜30代が占めており、パート＝中高年女性の働き方とはいえなくなっている。

次に社員資格の状況を正社員からみていこう。A労組の場合、正社員の等級1・2・3の分布は、それぞれ男性4.2%・24.5%・71.3%、女性8.0%・29.1%・62.9%と男女とも等級3が中心となっている。女性の登用という会社方針に加え、協会会員企業の平均値よりも正社員数が絞り込まれているため、女性だから一般担当者でいいという状況でなくなってきていることがここに反映している。しかし、各等級の女性比率は、37.2%・27.0%・21.6%と等級が上位になるほど比率は低下している。子どもが小学校3年生まで取得することが可能な育児時短（6h）制度はあるが、出産年齢にある30代前半で女性正社員が退職するためと組合では考えている。

B労組の場合、正社員区分の内訳を全国・エリア・地域でみていくと、それぞれ男性は59.5%・34.1%・6.3%、女性は26.2%・30.4%・43.4%となっている。男性正社員は少数の転居移動しない人もいるが、転居移動する人が多数派である。一方、女性正社員は男性と比較して、移動してもエリア内の人が多く、かつ転居移動しない人がもっとも多い。次に正社員の社員資格階層の分布をみると、マネジメント職1・2・3の比率がそれぞれ、男性正社員は男性正社員全体に対し26.6%・13.7%・8.4%、女性正社員は女性正社員全体に対し18.2%・4.3%・2.2%、等級1・2・3の比率がそれぞれ同じく男性は5.4%・7.4%・22.1%、女性は

13.8%・25.8%・35.8%となっている。男性正社員は約半数の者が店舗・売場の管理業務を担うマネジメント職に分布しているのに対し、女性正社員は過半数の者が売場実務と売場管理を担当する等級3までに分布している。等級3とマネジメント職1の分岐点は30歳頃である。育児中の社員の19時以降の勤務禁止という会社施策もあるが、女性の多くは結婚したらドロップアウトする人が多かった。つまり退職する人や退職しなくても担当でがんばる（＝上位資格に昇格しない）人が多かった。それは1つには平均2年に1回ある転勤とその結果として店長等の経営職に単身赴任者が多いこと、2つ目に管理職の象徴としての店長の働き方が9時から20時位まで店にいるのがあたりまえという働き方が影響している。つまり仕事中心的な暮らし方という意味での従来型の男性的働き方がネックとなっていた。それゆえ女性を登用してもこれまでは結果的に、男性同様の働き方をすることが可能な女性が経営職になっていた。(36)現在、動けるはずであった全国・エリア社員の1割は育児・本人や家族の病気・介護などの理由により6年限定の転居停止制度を利用している。地域社員を含めるとB社正社員の3分の1近くは動けない人となっている。(37)つまり空間的制約なしに働くことができないという問題は男女社員の問題となっている。

　さらにA・B労組の事例ではないが、パートタイム役員リーダー会議では、子どもがいたら夜の10時半閉店の店では働けないので正社員の女の人がやめている、小さい子がいたら早朝勤務はできない、正月用食品を売っているけれど、スーパーで働いている人はお正月料理を知らない（＝お正月ができない）という声を聞いた。つまり、今のスーパーの営業時間帯と年中無休という営業の仕方が生活者としての労働者の日常と齟齬をきたしているのである。調査時点は人手不足で、スーパー業界は全国的に店舗労働者の採用が難しかった。それ故、C産業別労組は働き手にとっての小売業の魅力を高めるため、正月三が日を含めた休日法の制定や営業時間の総量規制、さらに年末年始の労働時間について一定地域で過半数を越える労働協約を結び、その労働協約の拡張適用の可能性を探る等の営業時間適正化を検討し始めていた。

　次にパートの社員資格の状況をみよう。A労組は等級1・2・3のうち、等級1のパートが9割を越えている。B労組もパート1・2級のうち、パート1級の占め

る比率が少なめにみても7割を占める。正社員転換の対象となるパートはパートの中では少数となっている。パートは店舗実務の担い手という位置づけから考えて、また管理的業務より実務の方が多いという店舗業務の分布構造から考えて、当然のことである。このようにパートは初任等級に留まるものが多いが、処遇はどうなっているのであろうか。パートを組織化することにより、両労組ともパートの処遇を会社と交渉するようになった。たとえば典型的には慶弔休暇を正社員と同じ基準にする等の成果を上げてきた。パート組織化の前は、労使交渉項目にすることができず、要請項目であった賃金もたとえばB労組の場合、2015年春闘ではパート採用給の上昇を第一に目指し、最低賃金プラス30円をミニマムにするというルールを会社と交渉・合意した。その上で、支部レベルで人を採用できる水準まで上積みしていくことを目指すなど、パート組織化後は交渉することができるようになった。

おわりに

　スーパー業界をめぐる規制の変化とそれにいかにスーパー業界が対応してきたのかをみてきた。分析から明らかになった事実が私たちに指し示していることをまとめて、おわりにしたい。

　雇用構造が大きく変化する中で、店舗実務の担い手がかつての高卒正社員からパート労働者に変化した。つまり店舗実務の担い手は、フルタイム勤務で社会保険にフルカバーされる無期雇用労働者から、短時間働き、多くは雇用保険のみ加入の有期雇用労働者になった。企業内最下位賃金も、高卒初任給からパート賃金に変わった。正社員とパートを分つものは、一つには時間的空間的制約無しに働きうるか否かという働き方であり、もう一つには売場や店舗の管理、経営といった業務を担う意欲の有無である。セックスは問われていない。だからA・B労組とも正社員の社員資格上位に女性が進出していた。この点が構造改革と男女共同参画発動以前と異なるところである。しかし同時に、このような形でのパートと正社員間の境界線構築によりもっとも減少した労働者は、正社員女性であった。

　けれども、この境界線は動揺し始めていた。転勤や勤務時間数・勤務時間帯に

関する制約の度合いによって処遇を変化させるという既存人事システムの動揺である。転居転勤についてみると、男性も含めて動けない正社員が例外的少数派ではなくなっていた。また、転勤に加え、勤務時間の長さ・早朝や夜遅い時間帯の勤務・年中無休という営業の仕方が、換言するならば会社都合に合わせたフレキシブルな正社員の働き方が女性正社員の継続勤務を妨げていた。同時にこの境界線は、パートの正社員転換をも阻んでいる。たとえばパートタイム役員リーダー会議参加者に聞いてみると、必ずしも正社員への転換を望んでいない。なぜなら正社員でないからこそ、子どもに合わせた融通のきく働き方ができているというのがシングルマザーであるパート組合員の答えであった。正社員に転換するには働き方も正社員にならなければならない。つまり勤務時間数・勤務時間帯に加え、この正社員の働き方がパートと正社員の間に壁を構築しているし、この壁が女性を正社員からドロップアウトさせてもいる。その意味で先述したC産業別労組の営業時間適正化の動きは端緒とはいえ、極めて重要である。しかも、影響は小売りに限らず、取引先を通じて様々な産業の労働者の働き方にも影響を与える。同時に利用者である消費者としての私たち労働者が問われている。

　正社員が店舗管理・経営業務の担い手と位置付けられている以上、パートの処遇改善はパートの正社員転換制度のみでは解決できない。なぜなら、店舗業務の分布からいって、そのような業務の担い手は必然的に少数であり、すべてのパートが対象になることはないからである。したがって平のパートの労働問題の解決のためには正社員との平等だけでは十分ではない。パートの多数派である初任等級パートの待遇改善それ自体が必要である。その時に留意されるべきことは次の4点である。a) 働き方の違いが処遇に反映していたのだから、しかも正社員的に働くことができない男女正社員の増加を考えると、労働時間の長さ以外の働き方が、パートにとって就労可能な形で正社員と共通になることが必要である。しかも b) 税制・社会保険制度が雇用のし方・パートの働き方を左右していたのだから、雇用と働き方に対し中立的な制度構築が必要である。c) 増大するひとり親の位置づけについてである。[38] 彼らは働くこととケアを1人で担っているという意味において労働とケアの相克を集中的に体現している存在である。彼らが労働とケアの相克なしに働くことができた時、原理的にあらゆる労働者にとって労働

とケアの相克は解消する。だからこそ新たな働き方とそれを可能とする人事システムを作り上げる時の基準労働者はひとり親でなければならない。d）パート賃金と密接なかかわりを持つ最低賃金制度も同様に、被扶養者ではなくひとり親を基準に制度構築することが必要である。

　営業時間の規制緩和の結果としてのフレキシブルな正社員の勤務と転居転勤の二つが主要には雇用形態・雇用区分間に壁を構築していた。だから、時間的空間的制約がない労働者を働き方の中核に想定している安倍女性活躍政策を進めたとしても、この二つの制約を抱えた男女労働者——典型が女性の正社員と女性のパートである——が職場の中核に包摂されることはない。中核に存在するのは、この二つの制約を無化できた男性労働者と少数の女性労働者であると考えられる。結局、安倍女性活躍政策は職場を脱セックス化することはあっても、脱ジェンダー化することはない。

〔注〕
(1)　日本経済再生本部（2015: 14）。
(2)　一億総活躍国民会議（2016: 7-8）。
(3)　たとえば2016年3月7日付けで発表されたCEDAW（2016:10）34項（a）は、日本における賃金のジェンダー格差に懸念を表明しているが、その部分的原因として the principle of equal pay for work of equal value 同一価値労働同一賃金原則の実施が不十分であると、同一価値労働同一賃金原則を使用している。
(4)　労働志向に関する変数は、「仕事のために家庭生活が犠牲になることもやむをえない」に対して、そう思う＝5、どちらかといえばそう思う＝4、どちらともいえない＝3、どちらかといえばそう思わない＝2、そう思わない＝1の5点尺度として変数化した上で、中央値を基準に、中央値以上を仕事志向、中央値未満を生活志向パートとしている。島貫（2007: 74）参照。
(5)　職務以外の違いとは、長期的な人材育成の対象か、長期的なキャリアを念頭においた期待役割の対象か、勤務時間・勤務場所が無限定かなどである。
(6)　第5回一億総活躍国民会議における榊原経団連会長の「多くの企業では、——職務内容だけではなく、労働者に対する期待、役割、将来的な人材活用の要素——を勘案して、賃金を決定しております。単純に同一の職務内容なら、同一の賃金という考え方にならないように、日本の雇用慣行を踏まえた議論が必要だと考えます」（圏点引用者）という発言、および安倍首相の「我が国の雇用慣行には十分に留意しつつ、……法改正の準備を進めます」という発言から考えて予想された審議方向である。
(7)　同一労働同一賃金の実現に向けた検討会第3回議事録における水町委員の発言。

(8) EU諸国の同一労働同一賃金をめぐる以上の指摘については、濱口（2016:19）の「これら諸事例はあくまでも職務で賃金が決まるという大原則を踏まえた上でどの程度の格差が認められるかという話であり、それらが認められるか否かもその『客観的な理由』の程度による」（圏点引用者）という指摘は重要である。
(9) 2012年就業構造基本調査による。
(10) 以下の大店法についての記述は、青木利雄（1974）、野方宏（1998）、林雅樹（2010）を参照した。
(11) この点については林（2010: 81-82）参照。
(12) 日本経済新聞、1988年2月18日。
(13) 日本経済新聞、1988年8月21日。
(14) 日経流通新聞、1990年6月30日。
(15) ただし日本経済新聞2016年2月25日付けによると、人手不足によるコスト増のため、営業時間の短縮や終日営業を取りやめるスーパーが出現している。とはいえ、営業時間の短縮は1時間程度の短縮である。
(16) 以上の数値は商業統計による。
(17) このようなITネットワークの構築はメーカーを巻き込んで進められているが、本稿では紙幅の都合上、小売・卸に限定して記述する。
(18) 以下の小売業におけるITネットワーク化の記述は、流通システム開発センター（2016a）、同（2016b）を参照した。
(19) 実際の導入事例は、たとえば「eリテール特集——製版の情報共有一段と、スーパー・コンビニ、販売実績・予測開示」日経MJ、2005年9月21日、「食品スーパー、自動発注の導入加速——東武ストア、いなげや。」日経MJ、2011年12月19日など参照。
(20) 導入事例については、「買い物客が自分で清算、セルフレジ本格導入、人件費抑え、混雑も解消」日本経済新聞、2009年3月21日。
(21) ここで同協会のデータを使用したのは、1）長期間にわたって男女別に8h換算のパート・アルバイト数がわかるのは同協会のデータしかないこと、2）通常会員57社には100円ショップ、ホームセンター等も含まれているが、それは7社に過ぎず、通常会員のほとんどがスーパーであることによる。日本チェーンストア協会（2016）参照。
(22) 職場で働く労働者の雇用形態の組み合わせを記述する場合は「労働力構成」という用語を、雇用形態の内部にまでおりて労働者の構成を記述する場合は「雇用構造」という用語を使用する。
(23) 2014年商業統計で、総合スーパーの正社員と8h換算パート・アルバイト合計に占める各雇用形態の構成比を求めると、正社員20.4%（男性12.9%、女性7.5%）、パート・アルバイト79.6%と協会データとほぼ同様の結果となった。
(24) 日本経済新聞、1981年10月3日付「スーパー業界、出店事実上ストップと通産省に抗議——チェーンストア協会長が表明。」には協会メンバー社の採用計画として大卒2万人、高卒3万人とある。
(25) 日経MJ、2014年4月21日付「来春の採用本社調査、流通・外食、大卒26.8%増、4年

特集 「女性活躍」政策下の労働

連続でプラス。」による。また、高卒採用の増加を伝える日本経済新聞、2014年3月17付「特集——来春計画本社調査、高卒採用6年ぶり増、成長見据え人材争奪」によれば、2014年春の採用実績見込みおよび2015年春入社の採用計画に占める四大卒比率はそれぞれ、イオン69.2%、約73.3%、セブン＆アイ・ホールディングス71.0%、約75%と四大卒が過半数を占める。

(26) 22時〜翌朝8時までは関連会社が店舗運営を受託しており、A社社員は勤務していない。
(27) ただし等級1パートの場合、週30時間以上の雇用保険・健保・年金加入の人と週20〜30時間未満で雇用保険のみ加入の人の両方がいる。
(28) ただし、正社員のうち社員資格階層の等級4以上の者は非組合員である。
(29) B社には以前から自宅から通える範囲の転勤しかしない正社員がおり、これらの人は無期で、パートから転換して正社員になった人が有期である。調査時点では、地域正社員のうち有期の人が80%を占めていた。
(30) 社員資格階層のマネジメント職3級までの正社員が組合員である。
(31) ただしA社の場合、同一職務で同一等級の場合、評価基準は正社員もパートも同一である。
(32) 地域正社員等級1の月例賃金の水準はほぼ高卒初任給である。
(33) 受験者は1,500名程であった。
(34) B社の全国正社員は、B社に加えBグループ各社の経営の担い手としても位置付けられている。
(35) 以下、数値はインタビュー資料による。
(36) この点を変えようとして、現在A社ではまず経営職の男性の働き方を変えようとしている。それに加え店長等の管理職が率先して働き方を変えるよう、意識的に女性を管理職に登用している。また、将来的には子育てをしながら店長ができるようにして、パート社員の店長がたくさん生まれるようにしたいというのが、これから目指す姿である。
(37) しかも今後介護をする人が増えることが予測され、会社・組合とも動かない人を主軸に人事システムを考えていかなければならないという点では一致している。
(38) 厚生労働省（2015）参照。
(39) 注(6)および残業代0法案を想起されたい。

〔参考文献〕

青木利雄（1974）「中小企業のための大型店の事業活動調整」『時の法令』No.854、大蔵省印刷局。
濱口桂一郎（2016）「同一労働同一賃金と集団的労使関係システム」『労働調査』2016年3月号、労働調査協議会。
林雅樹（2010）「わが国大規模店舗政策の変遷と現状」『レファレンス』716号、国立国会図書館調査及び立法考査局。
平野光俊（2015）「労働契約法改正の『意図せざる結果』の行方」『日本労働研究雑誌』No.655、労働政策研究・研修機構。
経済産業省（各年）『商業統計』経済産業調査会。
三山雅子（1990）「スーパーマーケットにおける能力管理と企業内教育」『北海道大学教育学

部紀要』54号、北海道大学教育学部。
森ます美・浅倉むつ子（2010）『同一価値労働同一賃金原則の実施システム』有斐閣。
永瀬伸子（2003）「非正社員と正社員の賃金格差の納得性に関する分析」『国立女性教育会館研究紀要』vol.7. August. 2003、国立女性教育会館。
野方宏（1998）「小売業における規制と規制緩和：大店法を中心にして」『静岡大学経済研究』3（3）、静岡大学法経学会。
流通システム開発センター（2016a）『概説流通BMS 改訂版』流通システム開発センター。
島貫智行（2007）「パートタイマーの基幹労働力化が賃金満足度に与える影響」『日本労働研究雑誌』No. 568、労働政策研究・研修機構。
日本経済新聞
日経MJ
日経流通新聞

〔参照URL〕
CEDAW（国連女性差別撤廃委員会）（2016）"Concluding observations on the combined seventh and eighth periodic reports of Japan http://tbinternet.ohchr.org/Treaties/CEDAW/Shared%20Documents/JPN/CEDAW_C_JPN_CO_7-8_21666_E.pdf"（2016年6月29日閲覧）。
第5回一億総活躍国民会議（2016）http://www.kantei.go.jp/jp/singi/ichiokusoukatsuyaku/dai5/gijiyousi.pdf（2016年6月29日閲覧）。
同一労働同一賃金の実現に向けた検討会（2016）http://www.mhlw.go.jp/stf/shingi/other-syokuan.html?tid=339702（2016年6月26日閲覧）。
一億総活躍国民会議（2016）ニッポン一億総活躍プラン http://www.kantei.go.jp/jp/singi/ichiokusoukatsuyaku/pdf/plan1.pdf（2016年6月28日閲覧）。
厚生労働省（2015）ひとり親家庭・多子世帯等の自立支援に関する関係府省会議資料「ひとり親家庭等の現状について」http://www.mhlw.go.jp/file/06-Seisakujouhou-11900000-Koyoukintoujidoukateikyoku/0000083324.pdf（2016年8月8日閲覧）。
日本チェーンストア協会（2016）https://www.jcsa.gr.jp/public/data/2015_kibosuii_rekinen.pdf（2016年7月19日閲覧）。
日本経済再生本部（2015）"日本再興戦略 改訂2015 http://www.kantei.go.jp/jp/singi/keizaisaisei/pdf/dai1jp.pdf#search=%27%E6%97%A5%E6%9C%AC%E5%86%8D%E8%88%88%E6%88%A6%E7%95%A5＋%E6%94%B9%E8%A8%82%EF%BC%92%EF%BC%90%EF%BC%91%EF%BC%95%27"（2016年6月29日閲覧）。
流通システム開発センター（2016b）『流通BMS入門講座 2016年度上期版A』http://www.dsri.jp/ryutsu-bms/event/pdf/text/bms_20160616.pdf（2016年7月10日閲覧）。
2012年就業構造基本調査 http://www.e-stat.go.jp/SG1/toukeidb/GH07010101Forward.do（2015年9月9日閲覧）。
2014年商業統計表 http://www.meti.go.jp/statistics/tyo/syougyo/result-2/h26/index-gyodata.html（2016年7月19日閲覧）。

特集 「女性活躍」政策下の労働

日本労働社会学会年報第27号〔2016年〕

「女性活躍社会」の下での母子家庭の母の労働と生活
──強制される就労と貧困──

中囿　桐代
（北海学園大学）

1．課題の設定

　近年、母子家庭を巡る議論は「子どもの貧困」に焦点が当てられている感が強い。例えばNHKスペシャル『女性たちの貧困　"新たな連鎖の衝撃"』では、「取材を通じて実感したのは深刻な"貧困の連鎖"だ。私たちは、様々な事情で母子家庭となった女性が、十分な経済的援助を受けられない中、子どもに貧困が引き継がれてしまうケースを数多く目にした」（NHK「女性の貧困」取材班 2014: 6）と問題意識を語る。当事者団体の「しんぐるまざあず・ふぉーらむ」理事である赤石千依子氏は「これまでひとり親、特に母子家庭の暮らしの困難は、当然のことのように受け止められ、社会もその事を放置してきた」と述べたうえで、「母子家庭・父子家庭で暮らしている人々は、食べていくための暮らしは何とか紡いでいるかもしれない。しかし子供への十分な教育費を捻出することは困難だ」（赤石 2014: v）と指摘する。2014年に「子どもの貧困対策法」が施行され、各地域で「子ども食堂」や学習支援活動が実践されている中で、経済的に苦しい家庭が特に多い母子家庭とその子どもに目が行くのは当然であろう。

　加えて「貧困」というワードが近年多様な意味を持たされていることも、この間の議論の特徴である。経済、就労だけでなく、社会関係や自己評価等も含んだ多様な側面で貧困状態をとらえる必要性が、リーマンショック以降多くの論者から指摘されている。「貧困というものは、生活が成りたたない、食べていけない、安心できる住居がない、働く場所がない、社会的に孤立している、人間的な暮らしができない、そういったことを言う」（赤石 2014: v）と赤石氏も述べる。それは、母子家庭を取り巻く課題が多様であることと不可分ではない。DV、経済苦、

不安定な雇用、学歴、住まい、養育費、子育てと仕事の両立の困難（赤石 2014: 第1章）といった多様な問題が折り重なってシングルマザーを襲う。

　この論文では、シングルマザーの抱える困難の中でも最も重要な課題であると思われる労働（雇用労働）に焦点を当てる。労働の場においてシングルマザーが現在どのように働いているか、自立しようとしているのか、抱える課題は何かを明らかにする。これは、働けない、働いていないシングルマザーを看過することではない。後でも述べるが未就業のシングルマザーの多くは就業を希望している。しかし、職場で求められる過重な労働負担によって、就労を断念せざるを得ない者も少なくない。

　第二次安倍政権は「女性活躍社会」を標榜し女性の労働力化を進めているが、『働いているのに貧困』というシングルマザーの置かれている環境が向上したように見えない。第二次安倍政権下でのシングルマザーの労働の実態を明らかにし、今後求められる施策を検討することが本論の課題である。

　そこで本論文は、課題を以下の三点とする。第一に私たちの社会はシングルマザーに対しどのような支援、特に働く事に対する支援をどのように用意してきたのか明らかにする。これは小泉改革以降の政策を取り上げることになる。第二に2011年厚労省の『母子家庭等実態調査結果報告』（以下、『調査結果』）と面接調査からシングルマザーの労働実態はどのようなものであるのか、明らかにする。ここでは「収入が低い非正規の仕事で働くシングルマザーが多いことも特徴の一つである」（赤石 2014: 14）という指摘にとどまらず、就業継続や労働条件を掘り下げ、比較的恵まれていると思われる正社員シングルマザーの労働条件についても明らかにしていく。そして、第三にシングルマザーはどのように働き、どのように困難を乗り越えようとしているのか、そして彼女たちの「自立」を阻むものはな何なのか？　考察する。

2．母子家庭の現状

（1）離婚母子家庭の増加

　2010年国勢調査によると、母子のみにより構成される母子世帯数は約76万世

特集　「女性活躍」政策下の労働

帯、父子のみの父子世帯数は約9万世帯である。1990年には母子世帯50万世帯、父子世帯10万世帯 であったから、20年間で母子世帯は1.5倍に増えている。母子以外の同居者がいる世帯を含めた全体の母子世帯数は約124万世帯、父子世帯数は約22万世帯で、全世帯の3%程度（厚労省『ひとり親家庭の支援について』2016、以下『支援について』: 4）となっている。2010年『国勢調査』では、20歳未満の子どものいる世帯は1,290万世帯のうち、他の世帯員がいる世帯を含む母子世帯は108万世帯、父子世帯は20万世帯であり、子どものいる世帯の約1割がひとり親世帯となっている。今日、ひとり親家庭は決して珍しいケースとは言えない。

　母子世帯になった理由は、離婚が約8割、死別は約1割、父子世帯になった理由は、離婚が7割、死別が約2割である。1983年をみると、母子世帯で離婚が約5割、死別が約4割、父子世帯で離婚が約5割、死別が約4割であった（厚労省2016: 4）。この20年余りで離婚によるひとり親家庭が増加していることが分かる。

(2) 母子家庭の貧困

　近年、社会的な問題として議論の俎上にあげられるのが「子どもの貧困率」である。子どもの相対的貧困率は2003年以降一貫して上昇しており、2012年には16.3%を示した（『支援について』: 95）。その中でも「おとなが一人の世帯」、つまりひとり親家庭の貧困率が非常に高く、54.6%に跳ね上がる。この貧困率はOECDの中で最悪のものである。国内でみても、子どものいる世帯と母子世帯を比較すると、母子世帯の社会手当を含んだ年間総所得は235.2万円、児童のいる世帯の36%にとどまり、稼働所得（就労収入）は174.8万円、同じく26%にとどまる（『支援について』: 9）。

　OECD "SOCIETY AT A GLANCE 2009"によると、日本における有業母子世帯の貧困率は58%に達しており、OECD30カ国中最も高い水準である。一方の無業母子世帯の貧困率は60%で、両者はほとんど変化がない。つまり、シングルマザーが自立を求めて働くということが、日本では貧困率を低下させることに結びつかないのである。

3．母子家庭への支援策

（1）児童扶養手当

　児童扶養手当とは「父母の離婚などで、父又は母と生計を同じくしていない子どもが育成される家庭（ひとり親家庭）の生活の安定と自立の促進に寄与し、子どもの福祉の増進を図ることを目的として、支給される」（『支援について』: 57）社会手当である。18歳未満の子どもが対象となる。子ども一人目が満額支給で42,330円／月（2016年4月より）、第二子は5,000円加算、第三子以降は1人当たり3,000円加算となる。2016年8月からは世帯の所得によっては第二子、第三子は倍額が支給される。2014年3月で約1,000万人のシングルマザーが受給をしている。母子家庭の支援策として最も広く利用されているものであり、2015年度ひとり親家庭等福祉対策予算2,252億のうち1,718億（4分の3強）を占めており、受給者も年々増加している。

　児童扶養手当は1961年に、それまで主流だった死別母子家庭ではなく離婚母子家庭を支える社会手当として創設された。死別母子世帯は遺族年金を受給できるからである。

　この児童扶養手当の性格が大きく変容したのは小泉政権の時である。2002年に母子寡婦福祉法を改正し、母子家庭に「自ら進んでその自立を図り、家庭生活及び職業生活の安定と向上」する事が努力義務として課されたのである。「受給資格者（養育者を除く）が、正当な理由がなくて、求職活動その他厚生労働省令で定める<u>自立を図るための活動をしなかったとき</u>」（下線部筆者）には、「全部または一部を支給しない事ができる」とも定めた。つまり、「福祉から就労へ」、「ワークフェア」政策に大きく舵をきったのである。これに連動し2008年から児童扶養手当も5年受給した後は半額へ減額することを決定した。

　この改正に対して当事者団体である「しんぐるまざあず・ふぉーらむ」や全国母子寡婦福祉団体連合会等が署名活動を行い、減額を事実上凍結させた。2007年12月政令で、減額を「障害や疾病などで就業が困難な事情がないにもかかわらず、就業意欲がみられない者」に限るとしたのである。ただし、「5年等経過者一部支給停止」自体は現在でも適応されるので、適用除外（＝減額されない）

特集 「女性活躍」政策下の労働

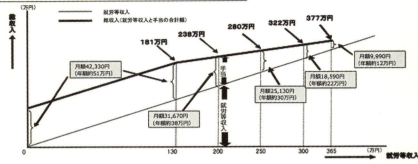

図1　児童扶養手当の受給額
出所：『支援について』：60頁より。

よう受給者が申請しなければならない。

　また、「5年受給後減額」規定を盛り込まなくても、そもそも児童扶養手当は母の収入（養育費や同居の親等の収入も含む）が上がれば図1のように自動的に減額される仕組みとなっているので、厚生労働省が予想するように5年たってシングルマザーの収入が上昇すれば、減額もしくは支給停止になるはずなのである。小泉改革の下での「福祉から就労へ」を大きく国民にアピールするために、また、福祉予算削減のために5年後減額が打ち出されたのではないか。図1のように子どもが1人の場合の母子家庭では収入が年130万円を超えると児童扶養手当の減額が始まる。この収入には母親の賃金だけでなく、養育費の8割等も加えられる。児童扶養手当の減額は、母子世帯の経済的な余裕があまりない段階でも適応されてしまう。

(2) 総合的な支援の中の就労支援策

　2002年の「福祉から就労へ」の政策転換の下で、母子家庭の福祉政策は、就業・自立に向けた「総合的な支援」へと施策を強化し、「子育て・生活支援策」、「就業支援策」、「養育費の確保策」、「経済的支援策」の4本柱により施策を推進することとなった（『支援について』：10）。しかし、2015年度予算で総合的支援事業の予算は74億円程度であり、依然として児童扶養手当が予算の比重が高い。

就労支援事業としては、以下の5つの政策メニューが立案されている。「1　ハローワークによる支援（子育て女性等に対する就業支援サービスの提供）、2　母子家庭等就業・自立支援センター事業（母子家庭の母等に対し、就業相談から就業支援講習会、就業情報の提供等までの一貫した就業支援サービスや養育費相談等生活支援サービスを提供する）、3　母子家庭等自立支援プログラム事業（個々の児童扶養手当受給者の状況・ニーズに応じ自立支援計画を策定し、ハローワーク等と連携のうえ、きめ細やかな自立・就労支援を実施する）、4　自立支援教育訓練給付金（地方公共団体が指定する教育訓練講座を受講した母子家庭の母等に対して、講座修了後に、対象講座の受講料の2割相当［上限10万円］を支給する）、5　高等職業訓練促進給付金（看護師等の経済的自立に有効な資格を取得するために2年以上養成機関等で就学する場合に、生活費の負担軽減のため高等職業訓練促進給付金［月額10万円（住民税課税世帯は月額7万5,000円）、上限2年］を支給する）」（『支援について』: 26）である。

　政策の考え方としては、自立支援センターやハローワークでの相談事業、職業紹介によって仕事を見つけることが重視される。いわゆるマッチングである。もちろん、このような相談が母親の精神的な支えになることもあるし、職員はシングルマザーにあった職場を開拓している所や中には就職後の様々な職場のトラブルの面倒を見るところもある（JILPT 2008）。しかしながら、このようなマッチングを主体とする施策では、現金収入を求めて早く就職したい多くのシングルマザーが非正規、低賃金労働へ就労することを促進してしまう危険性がある。

　2002年の法改正に伴い2005年以降は、高等職業訓練促進給付金、自立支援教育訓練給付が創設され、職業訓練も支援メニューに加わった。しかし、これらの職業訓練が利用されているケースは決して多くはない。2014年の実績では、ハローワークでの母子家庭の母への職業紹介が年間約40万件、就職者が9万人に対して、自立支援教育訓練給付の支給は647件うち就職488件、高等技能訓練促進費は2,804件給付就職2,217件（『支援について』: 27-29）と就職への効果は高いが、利用できる対象者は限られている。くわえて、高等職業訓練促進費は2年しか利用できないので、3年の専門学校等に進学する場合最後の1年は母子父子寡婦福祉貸付制度[1]を利用することを想定しているので、生活保障としては不十分

な部分もある。そのため後で見るように2年で終了する専門学校等を選ぶ母親もいる(2016年度から上限3年に変更され通学期間の全てがカバーされることになった)。

(3) 総合的な支援の成果

厚生労働省の『調査結果』を遡り支援の成果を確認する。まず、シングルマザーの有業率を見ると1998年84.9％、2003年83％、2006年84.5％、2011年80.6％と「総合的な支援」が始まって以降、かえって有業率は低下している。次に、簡単に比較できないが就業しているもののうち常用雇用、正規雇用を見ると、50.7％→39.2％→42.5％(ここまで常用雇用)→39.4％(正社員)と減少している。これらの雇用情勢の悪化は、もちろんリーマンショックによる非正規化の進展と無関係ではないだろう。第3に年収を見ると229万円→212万円→213万円→223万円と減少傾向に歯止めがかかったように見える。第4に働いているシングルマザーの就労収入は、2003年以降しか調査結果がないが、162万円→171万円→181万円とこちらは少しずつ上昇している。

これらの母子家庭の年収や就労収入の数字から総合支援の成果があったとするのは早計であろう。就労収入や年間の収入は生活保護基準を下回っているケースが多数あることが予想される。札幌市で母子3人世帯(子どもは小学生と未就学児)の生活保護基準額は夏季約24万円／月、冬季28万円／月であり、年に換算するとおおよそ300万円である。これは『調査結果』の平均年収を上回っている。しかし、生活保護受給は様々な理由で母親から忌避されており、全国では生保を受給している世帯は母子世帯全体の15％、札幌市は3割程度にとどまっている。[2]

(4) 第二次安倍政権になって

第二次安倍政権になって、シングルマザーへの支援策も様々な変化がある。しかし、大筋では、小泉改革以降の「福祉から就労へ」という路線を踏襲している。変更された点としては、相談のワンストップサービスの強化、一部の資格を取得するシングルマザーへの支援期間を延ばし支給額を増額する専門実践教育訓練給付金[3]と教育訓練支援給付金[4]の創設、高等学校卒業程度認定試験合格支援事業[5]の創

設がある。ここでは安倍政権のすべての施策を検討する紙幅はないので、特に在宅就業の推進を取り上げる。

2015年の「母子家庭の母及び父子家庭の父の就業支援に関する特別措置法」の施行に先立ち、厚労省は2013年から「安心こども基金」をつかってシングルマザーに対してネットを使った在宅ワーク・教育訓練を推進している。これに対して『ひとり親家庭等の在宅就業支援事業評価検討会報告書』では、この事業は「『無理なダブルワークの解消につながるレベルの収入（月6万円程度）が得られる在宅業務』又は『生活の維持や将来の教育費支出等に備えるレベルの収入（月3万円程度）が得られる在宅業務』を開拓し、事業終了後も一定程度同じレベルでの収入が就業により継続されるものを想定していたが、24事業の実施状況では一部を除いて想定していたような成果を上げていない結果となった」（ひとり親家庭等の在宅就業支援事業評価検討会 2014: 9）と述べる。在宅業務に従事する者の平均収入月額16,367円、月額5千円以下の者が全体訓練を終了した者の59.3%を占めていることが報告されている（ひとり親家庭等の在宅就業支援事業評価検討会 2014: 8）。

もちろん在宅ワークの収入の低さも問題であるが、政策目標がシングルマザーのダブルワークを前提としていること自体驚きである。シングルマザーの生活や労働実態を全く勘案しないで、母性の発揮と就労自立を両立させるのが在宅ワークであるという短絡的な発想と言わざるを得ない。

3．労働者としてのシングルマザー

（1）シングルマザーの属性

『調査結果』からシングルマザーの労働条件と属性を分析する。『調査結果』は福祉政策立案のための調査であり、必ずしも労働に焦点が当てられているわけではない。

シングルマザーとなった理由は前にも述べたが離婚が8割を占める。調査時点では母親の平均年齢は39歳、末子年齢は平均10.7歳である。母子世帯になった時の母親の年齢は平均33歳、末子年齢は平均4.7歳である（『調査結果』: 2-3）。

特集 「女性活躍」政策下の労働

表1　母子家庭の母親、女性の学歴

	中学	高校	専門学校	短大・高専	大学・大学院
35～39歳女性＊	4.1%	39.2%	11.5%	24.0%	20.7%
母子家庭の母親	13.3%	48.0%	14.0%	16.3%	6.9%

＊＝就業構造基本調査、卒業者
出所：『平成24年就業構造基本調査』、『調査結果報告』より作成。

　子どもが未就学児のうちに離婚しているものが多い。世帯の構成員は3.4人で、親等と同居している母子は3割、6割が母子のみで生活している（『調査結果』: 6）。同居人がいることは収入の増加を意味しない。同居人がいる者の平均就労収入は182万円、母子のみは180万円である（『調査結果』: 35）。

　シングルマザーの学歴の特徴は**表1**のように中卒、高卒者が6割を占め『就業構造基本調査』の35～39歳女性の4割を大幅に上回る。そして、短大卒以上のシングルマザーは約2割、これに対し35～39歳女性は4割以上となる。「キャリア形成弱者」がシングルマザーに多いと言える。そして、学歴は後に見るようにシングルマザーになってからの賃金にも影響を与える。

（2）シングルマザーの就業率

　シングルマザーの8割はすでに働いている。これはアメリカの66.4%やイギリス52.7%（2011年、OECD）と比べても非常に高い就業率となっている。このことから『高い就業率と貧困』が日本のシングルマザーの特徴と言われている。一方不就業のシングルマザーの就業意欲も高い。全体の15%程度の不就業のシングルマザーのうち、9割は就業を希望している。そして、約4割が就職活動中である。不就業の者のうち4分の1が「病気で働けない」、1割が「子どもの世話をしてくれる人がいない」と答えている（『調査結果』: 28）。

（3）雇用形態と賃金

　図2の雇用形態を見ると、『就業構造基本調査』の35～39歳女性の傾向とシングルマザーの傾向は同じである。すなわちパートをはじめとする非正規雇用が6割を占めるということだ。次に学歴と雇用形態の関連を見るために『就業構造基本調査』35～39歳女性とシングルマザーを比較する。**表2**のように学歴ごとの

「女性活躍社会」の下での母子家庭の母の労働と生活

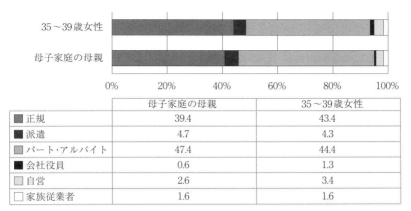

図2　母子家庭の母親と35～39歳女性の雇用形態
出所:『就業構造基本調査』、『調査結果』より作成。

表2　学歴ごとの雇用形態

	35～39歳女性*			母子家庭の母親		
	正規	パート・アルバイト	派遣	正規	パート・アルバイト	派遣
総数	43.4%	37.6%	4.3%	39.6%	47.3%	5.9%
小学・中学	18.9%	61.5%	3.5%	19.7%	66.4%	4.6%
高校・旧制中	34.2%	48.2%	3.7%	37.1%	52.5%	4.6%
専門学校	51.2%	33.0%	3.8%	50.5%	35.2%	4.2%
短大・高専	44.2%	35.1%	4.6%	44.8%	38.9%	5.9%
大学・大学院	59.1%	19.0%	5.5%	52.6%	25.3%	3.2%

＊=『就業構造基本調査』、『調査結果』より作成、就業者を100とする。

　雇用形態の割合は両者ともほぼ同じ傾向であり、学歴が高いほど正社員率が上がる。中卒のシングルマザーではパートが約2/3、正社員は5分の1以下、これに対し大卒シングルマザーではパートは4分の1、正社員は中卒で大卒では2分の1以上となる。

　雇用形態による賃金の違いを見ると、シングルマザーの平均の就労収入は年192万円、正社員は年270万円、パート・アルバイトは125万円と正社員の半分に満たない。これに対し厚労省は「より収入の高い就業を可能にするための支援が必要」(『支援について』:6)と指摘する。しかし、経済的には相対的に恵まれ

ていると思われる正社員シングルマザーと『賃金センサス』では差が生まれている。シングルマザーの正社員の年間就労収入270万円に対し、『平成26年賃金構造基本調査』で雇用期間の定めのない35～39歳の女性正社員の年収を（きまって支給する現金給与×12＋年間賞与）で計算すれば約419万になる。その差は149万円にもなる。正社員シングルマザーは、いわゆる〈名ばかり正社員〉のような正社員の中でも条件の厳しいところで就労している可能性がある。一方、パート・アルバイト等のシングルマザーの年間就労収入125万円、これに対し『賃金構造基本調査』の短時間労働者で正社員以外の雇用期間の定めのある35～39歳女性の平均年収120万円（＝時給×労働時間×実労働日数×12＋年間賞与）となっており、ほぼ同じレベルである。配偶者のいるパート女性が意識する『103万円、130万円の壁』にパートのシングルマザーの収入もとどめられている事が分かる。

（4）シングルマザーの労働時間

『調査結果』では労働時間は未調査で、かわりに母親の帰宅時間は調査が行われている。これを厚労省『全国家庭児童調査』（子ども18歳未満、サンプルのうちひとり親家庭は1割。4割の母親は不就業）と比較する。図3がその結果である。シングルマザーの方が午後6時以降に帰る者が圧倒的に多い。パート・アルバイトであっても午後6時以降が多い。シングルマザーの正社員は午後8時まで、10

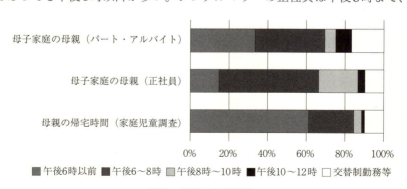

図3　母親の帰宅時間
出所：『調査結果』、『平成21年度全国家庭児童調査結果』より作成。

時までが多くなる。母子家庭では母親の帰宅時間が遅くなり子育てにしわ寄せが行っている。母親の帰宅時間が遅いということは、夕食の買い物や調理、入浴、洗濯、そして学校の宿題を見るといった家事や子育てが深夜にずれ込むことを意味している。あるいは、学童保育等を利用したとしても午後6時で閉館になる地域であれば、子どもだけで留守をする時間が長くなるということである。母親の賃労働と家事労働の二重労働の負担だけでなく、子どもの生活リズムの問題も生じる。

帰宅時間が遅いだけでなく、シングルマザーの労働時間が長いことが指摘されている。半数以上の者が週40時間以上働いており、49時間以上働く者も1〜2割いる。「一般の女性労働者と異なり、シングルマザーの労働時間は、子どもの年齢に関係なくかなり長いことが分かる」（JILPT 2013: 147）と結論づけられる。

（5）就業継続の難しさ

シングルマザーになることは、一般的に母親を労働市場にプッシュすると考えられる。政策的にもそれが求められている。しかし、シングルマザーの就業継続は厳しく、多く一つの職場で長く勤めることは難しい。

『調査結果』では、シングルマザーになる前となった時、調査時点の3点の就業状況を載せている。まず、シングルマザーになる前には就業しているものは4分の3、不就業は4分の1である。この不就業だった者の7割は調査時点で就業している。不就業のままの者は4分の1で少ない。これはシングルマザーの高い就業意欲の現れである。一方、シングルマザーになる前から働いていた母親のうち、約半数はシングルマザーになったことを契機として転職する。転職の理由は「収入がよくない」が36.7％で最も多い（『調査結果』: 24）。しかしながら、**表3**のように調査時点での不就業者の中には、

表3 「母子世帯になる前」と調査時点での就業者の割合

	調査時点	母子世帯になる前	
		不就業	就業
総数	1648	418	1215
	100%	100%	100%
就業者	1328	289	1039
	80.6%	69.1%	85.5%
不就業	248	106	142
	15.0%	25.4%	11.7%
不明	72	23	49
	4.4%	5.5%	4.0%

出所：『調査結果』より作成。

特集　「女性活躍」政策下の労働

シングルマザーになる前から不就業のままの者と、働いていたのに未就業になった者がいること分かる。後者は142名、シングルマザーになる前に就業していた者の約1割が失業している。『調査結果』ではこれについて特に言及されていないが、シングルマザーとして仕事と子育ての両立が難しいことを現していると言えよう。

4．面接調査からみたシングルマザーが抱える困難と対応

面接調査から詳しくシングルマザーが抱える課題について具体的に検討するために札幌市母子寡婦福祉連合会(6)(以下、札母連)の会員6名、半構造化面接を2015年9～10月にかけて行った。

(1) シングルマザーの抱える困難

1) 労働条件の課題

調査対象の6名のうち、1人は准看護師養成の専門学校に在学中、1人が求職

表4　調査対象者の労働条件と収入状況

	年齢	学歴	資格	現在の仕事	雇用形態	賃金
A	50代	専門学校	准看護師	准看護師	正社員	月手取り19万円
B	40代	専門学校在学中	准看護師(予定)	准看護専門学校在学中	正社員希望	0
C	40代	高校中退	なし	コールセンター(電話料金催促)	派遣	手取10～12万円
D	40代	高卒	医療事務、簿記	病院の訪問看護の運転手	正社員	手取り月14万円、ボーナス2回2.5カ月
E	30代	大卒	webクリエイター、日商簿記3級、エクセル2003エキスパート、損害保険募集人資格、特級資格	保険会社で契約社員(事務)	契約社員	賃金手取り12万
F	不明	専門学校(トリマー)	トリマー、エクセル、ワード3級	求職中	求職中	0

*＝精神及び身体に障がいを有する児童を養育している親等に支給される。札幌市で1級約51千円、2級34千円。
出所：聞き取り調査より作成。

「女性活躍社会」の下での母子家庭の母の労働と生活

中であり、現在働いている人は4名である。労働条件と収入状況をまとめたのが表4である。

現在の賃金は准看護師として働くAさん以外の5人は月の手取りが10万台前半で、たとえ正社員であっても経済的に厳しい。Aさんの現在の手取りは19万円だが、以前勤めた病院では24〜27万の手取りで、ボーナスもあった。他のシングルマザーは、児童扶養手当、特別児童扶養手当、児童手当を合わせても生活保護の最低基準とほぼ同じくらいか、下回る者もいる。

労働時間は准看護師であるAさんを除けば夜勤等は行わず、朝から夕方午後5時、6時に終わる職場が選ばれている。休日は土日休みの者が多く、シフト勤務はAさんのみである。これはAさんが自分の親と同居していることで可能になる。たとえ、9時5時の勤務であっても、援助してくれる親等がいなければ、かなりタイトな余裕のない生活に追われている。母親たちが行う子どもの送迎、買い物や家事等を考えれば、午後5時、6時に仕事が終わっても一人で余裕を持って子どもの相手をして、食事の用意するのは難しい。

働いているシングルマザーは自分の職場を「休みやすい」と評価している。例

勤務時間	利用している(した)支援	養育費	生活保護基準
深夜勤務は今はなし。前は夜勤もあり	児童扶養手当、児童手当、福祉貸付、保育所半年だけ、雇用保険	ー	ー
学校は昼から19時過ぎに帰る	高等技能訓練促進費(月10万)、児童扶養手当5万、児童手当3.5万、雇用促進住宅(平成29年末まで家賃無料)、保育所、障がい児のデイケア	あり、3万	22万6千円(親除く)
週1日が9時50分〜19時、残りが8時50分から18時、基本土日は休み	児童扶養手当、特別児童扶養手当*、児童手当、保育所、デイサービス、母子寮を利用中、生活保護1ヶ月だけ	元配偶者死亡(離婚後)	14万8千円(障がい者帳なし)
9時から5時勤務。土曜は月1回勤務、日曜と祝日が休み	児童扶養手当、特別児童扶養手当、児童手当、デイケア、保育所、発達障害通級指導教室、母子寮から市営住宅へ	DVがあったのでもらわない方がいいと弁護士に言われた	26万7千円
9時5時の勤務で土日が休み。派遣の時は平日も1日休みがあった	児童扶養手当(3万)、児童手当、母子家庭等日常生活支援員、札母連の法律相談、失業保険、雇用保険の職業訓練(2回)	あり、2万円	15万2千円
-	児童扶養手当、児童手当	あり、5万	14万3千円

特集 「女性活躍」政策下の労働

えば損保会社で契約社員のEさんは、年休の指定休4日、その他に17日、5日の特別休暇があり、ほぼ希望通りとれていると言う。このように特に自分の親と同居して子育て支援を受けている者（Aさん、Bさん）を除くと、朝から夕方までの勤務、休みが取りやすい職場が選ばれている。そのためか給与の水準は正社員であっても高いとは言えないレベルである。養育費や児童扶養手当等の社会手当を合わせても生活保護基準を大きく超えるものは少ない。

2) シングルマザーになってからの自発的でない失業／転職

離婚後の母親の職歴をまとめたのが表5である。

シングルマザーになってからの失業は経済的な厳しさに直結する場合が多いが、6ケースのうちAさん、Cさん、Eさん、Fさんの4名が非自発的に仕事を辞めている。Aさんは准看護師になった後も病気治療のために2回職場（病院）を変わり、調査時点で3つ目の職場である。准看護師の資格を持っていること、正社員で働いていたため雇用保険が受けられ、加えて親と同居しているので経済的な援

表5　母子家庭になってからの職歴

	年齢	母子家庭になってからの職歴
A	50代	離婚後水産パートで就職したが体調崩し、退職。その後アルバイトをしながら准看護師学校に通う。正社員で3つの病院に勤務。2回とも病気で退職。雇用保険受給。
B	40代	放射能の問題で福島から母子で札幌に自主避難。その後大手スーパーの鮮魚部でパート勤務。その後離婚。現在は仕事を辞めて専門学校に通う。
C	40代	離婚して最初1ヶ月は生活保護を受けたが、母子寮では受けられないと言われて停止した。その後ハローワークの紹介で病院の看護助手として勤務した。同じ職場の人が退職しても新しい人が来なくて、負担が大きくて辞めた。その後コールセンターの派遣で働く。今のコールセンターは2つ目。最初は電話料金の督促の仕事。現在はかかってきた電話の対応。
D	40代	精神病院の訪問看護の運転手。事務の方が賃金が高いので移動したいと職場に伝えているが、資格はあるが経験がないので移れない。車の中の待ち時間でPCを使った副業したこともある。
E	30代	損保会社で派遣契約が2014年6月末で3年になるので、12月から直雇用で契約社員をしている。損害保険の支払いの事務の係。派遣の時より時給が300円下がった。派遣の時は週4日勤務で月120時間の勤務だったが月13万くらい手取りがあった。今はフルタイム勤務（週40時間）で月12万円。
F	不明	3年くらいフルタイムで事務の仕事をする。仕事が多く決まった時間に帰れなくて、体調崩して2年前に退職。雇用保険は受給できなかった。会社がかけていなかった。

出所：聞き取り調査より作成。

助や家事援助を受けられているので失業や転職、病気の療養にも問題がない。しかし、彼女も離婚して最初に就いた水産加工のパート職で体調を崩し、退職したことが准看護師の資格を取るきっかけである。

　他の3名も職場が「忙しすぎる」ことやそれに起因する「体調不良」、セクハラといった雇用環境が理由で仕事を辞めている。例えば現在求職中のFさんは、離婚後3年間同居している親に子ども預けてフルタイムの事務職ではたらいたが、仕事が多く決まった時間に帰れなくて体調崩し2年前に退職した。しかも、この間の雇用保険を会社側から「かけていない」と言われ、失業給付も受けていない。Cさんは最初に勤めた看護助手の仕事を退職者が出ても後任が配置されずに負担が大きくなって辞めている。Eさんも派遣から正社員になって働いていた卸会社を、派遣よりも正社員の方が時給換算すると低くなること、加えて上司のセクハラで辞めている（後に弁護士に相談し慰謝料を受け取る）。セクハラや長時間労働という労働条件の悪さが、正社員で勤務していたとしても失業を誘発させている。さらに会社側の違法行為で失業給付が利用できないといった〈ブラック企業〉と呼べるような労働条件で働いている母親もいる。この他に母の労働時間と子どものケアや送迎時間が合わずに失職するケースもある（中囿 2006a, 2006b）。

3）派遣の3年ルールの結果による労働条件の悪化
　派遣法の改正で3年を超えて働く者に対して企業は直雇用をしなければならなくなった。これがかえってシングルマザーの労働条件を悪化させている。損害保険会社で働くEさんは派遣期間が終了し、現在契約社員で働いているが時給が派遣の時より300円減らされている。派遣の時は週4日勤務だったが、現在は週5日勤務で労働時間が増えているにもかかわらず月当たりの手取りは反対に減っている。コールセンターの派遣で働いているCさんも、契約社員になるとミスするたびに時給が50円引かれてしまうので、交通費は出るようになるが派遣から契約社員になることにあまり魅力を感じないと言う。

4）子育ての困難

　調査対象者の子どもの状況と子育て支援については**表6**にまとめてある。保育所、障がい児のデイケアといった公的な支援は比較的利用されている。また、母子家庭のための母子家庭等日常生活支援員(7)を利用して、子どもの急な病気に欠勤しないように対応したものもいる（Eさん）。このような公的な子育て支援はシングルマザーが働くことの命綱となっている。

　しかし、課題も多い。札幌市では以前から保育所の待機児童が多く、シングルマザーの中にも保育所が利用できずに、子どもが3歳以上だったので幼稚園の預かり保育を利用した者もいる（Eさん）。くわえて、公的な保育のカバーできない時間帯でシングルマザーが働くことも少なくない。Bさんは看護学校に入学する前にスーパーの鮮魚部門で働いていたが、保育所が休みの日曜に勤務が入ると子ども達だけで留守番をさせていた。下の子どもが体調不良で休んだ時も長子に学校を休んでもらい看病してもらった経験がある。母親が短時間パートであってもシフトに穴をあけることができないので、子どもたちが負担を負っているのである。これらは母親の労働時間と公的な育児支援サービスの提供量、時間や方法がマッチしていないため、しわ寄せが子どもにいくのである（中囿 2013）。

　また、Bさんは、「札幌市のファミリーサポートや緊急サポート(8)のサービスは何故使わなかったのか」という質問に対し、「知らなかったし、知っていたとしても広汎性発達障害のある子どもが初めて会う人になつかないので使わなかった

表6　調査対象者の利用した子育て支援

	年齢	子ども	同居家族	利用している（した）子育て支援
A	50代	社会人1人	両親、子ども、弟	保育所半年だけ
B	40代	14歳、9歳（広汎性発達障害）、7歳	子ども3人、親	保育所、障がい児のデイケア
C	40代	8歳（広汎性発達障害）	子ども	保育所、デイサービス、母子寮を利用中
D	40代	小2、4、5、高校2年、小2と4と5が広汎性発達障害	子ども4人	デイケア、保育所、発達障害通級指導教室、母子寮から市営住宅へ
E	30代	中学3年	子ども	幼稚園の預かり保育、母子家庭等日常生活支援員、保育所利用できなかったので
F	不明	小学1年	子ども	働いていた時は親に子どもを預ける

出所：聞き取り調査より作成。

と思う」と答えた。このように子育て支援策の情報が当事者であるシングルマザーに届いていないのである。

　くわえて、Bさんのように子どもに障がい等がある場合は、さらに子育てに手がかかる。その際にはシングルマザーだけで対応するのには限界があり、家族に支援を求める。しかし、その家族の支援も無限というわけではない。Bさんは期限付きで福島から実家の母親に手伝いにきてもらうという選択をした。母親が帰った後は勤務と子育てが両立できるか不安を感じている。

　Dさんの末子は広汎性発達障害で発達障害通級指導教室に週1回通っている。教室は普段通っている小学校と別の小学校なので地下鉄で移動しなければならず、親の同行が必ず必要とされている。Dさんは、自分は仕事があって行けないので妹に付き添いを頼んでいる。しかし、妹にも持病があり負担をかけられないので、週1回が限度である。子どもの発達を考えると回数を増やした方がいいのかとも思うが、ひきかえに自分が仕事を頻繁に休むことになり断念した。

　このように障がいのある子どもを育てているシングルマザーたちは日常の育児の負担も多いが、彼女たちの生活の中では仕事が優先されるので、通常利用できる福祉サービスが利用できなかったり、子どもの教育機会が阻害されたりという問題も生じている。

(2) シングルマザーの戦略

　次に厚労省は「より収入の高い就業を可能にするための支援が必要」であると指摘するが、シングルマザーたちはどのように自分たちの生活を安定させようとしているのかを検討する。

1) 資格取得

　調査対象者の資格は表4にまとめてある。多くの母親が離婚後に安定した収入や就職を目指して資格を取得している。資格取得のための高等技能訓練促進費は全国的に見ても常用雇用にシングルマザーが就ける可能性が高い支援であるが、期間が2年に限られていることや希望しても利用できない者がいることは課題である。また、新しく始まった高等学校卒業程度認定試験合格支援も、生活保障の

面で課題が大きい。

　Aさんはまだ、高等技能訓練促進費の制度がない時に母子父子寡婦福祉貸付制度を利用し専門学校に通い准看護婦の資格を取った。離婚して水産加工のパートに就いたが、収入も低く体調を崩した事をきっかけに資格を取った。専門学校に通いながらアルバイトをこなし、資格取得後正社員の看護師として夜勤をこなすことは、子育てを支援してくれる親と同居していたことで可能となった。

　Bさんは東日本大震災後、福島から札幌へ子ども連れて自主避難し、その後離婚した。現在、高等技能訓練練促進費を受けながら専門学校に通い、あと半年で准看護師の資格を取る予定である。准看護師の専門学校に進学したのは、看護師が3年かかるのに対し2年間で卒業できるからである。彼女も自分の勉強と障がいのある子どものケアを両立させるために福島から母親に来てもらっている。この2人は、実家の親の様々な支援によって資格を取得し、生活を安定させている、安定させようとしている。

　しかし、制度を利用しようと思っても自治体の窓口対応でスティグマを感じる者もいる。Fさんは情報関連の資格を取るために高等技能訓練促進費を利用しようと思い市役所で相談したが、「養育費の取り決めの公正証書を出せ」と言われて心理的なハードルが高く断念している。

　Cさんは家庭の事情で高校を中退したので、2015年から始まった「高等学校卒業程度認定試験合格支援事業」を利用したいと考えている。しかしながら、この事業は通信制の高校を前提としており、生活保障に対する経済的支援はない。就労と子育てと勉強をすべて行うことを母親に求めているので、かなりの負担になると思われる。

2）同じ職場でキャリアアップを狙う

　Eさんは損保会社で派遣から契約社員になって勤務を続けている。しかし、契約になって労働時間は長くなり反対に賃金は減っている。このため彼女は契約社員から正社員への転換を目指している。上司の推薦が必要なため、現在は職場での上司との面接等で認めてもらえるよう、派遣社員で働いていたときの元の上司である管理職にアドバイスをもらっている。

Dさんは現在、病院の訪問看護の運転手として勤務している。このまま同じ仕事をしていても給与は上がらないので、事務職への転換を考えている。そのために札母連の医療事務の夜間の技能講習を受け資格を取った。病院にも事務に移りたいと希望を話しているが、資格をとっていても経験がないことを理由に移動させてもらえないという。そのため社会保険労務士の資格を取って、今の職場を辞めることも考えているが、子どものことで休みやすいので簡単に辞めることもできない。

　このように企業の中でキャリアアップを目指しているシングルマザーもいるが、企業の対応ははっきりしない。Eさんは正社員になりたいと職場で公言しているが、長く働いているパート職員には「制度はあるがなった人は見たことがない」と言われているという。Dさんも資格を取得しても、「経験」を理由に事務職への移動ができない。このように同じ企業内での正社員化や給与の高い職への移動は、シングルマザーに希望とはなるが、そのクリアすべき基準が曖昧であるために明確な目標とは足りえないのが現状である。そして転職した場合、現状で可能になっている育児との両立（休みの取りやすさ等）が守られるかどうか不安があるので、すっぱりと現職辞めることもためらわれている。今の仕事を続けながら何とかキャリアアップを成功させようと努力している。

5．考　察

　この論文では労働者としてのシングルマザーに焦点をあてて分析を行った。以下の点が明らかになった。

　第一に母子家庭への福祉政策は2002年の小泉改革以降就労自立を求めており、努力義務がシングルマザーには課せられていること、第二次安倍政権は母親であることと就労することの二つの負担をシングルマザーにさらに強く課していることが明らかになった。

　第二には多くのシングルマザーが働いているが、その労働の現状は厳しいものである。『調査結果』から見てもシングルマザーの8割はすでに働いており、未就業者の就労意欲も高い。シングルマザーの中でも学歴の低い「キャリア弱者」

も少なくなく、彼女らは非正規雇用で働く割合が高い。すでに働いている者は、他の女性労働者と同様に非正規の割合が高く、就労収入も低い。彼女たちは自立のために働いても、他のパート労働者と同様に『103、130万の壁』に阻まれ賃金が低い。くわえて、賃金が低いからといって家事、育児の負担が軽くなってはいない。働いている母親全体よりパートのシングルマザーの帰宅時間は遅くなる。一方、少数派であるが正社員雇用を勝ち取っているシングルマザーたちも同年代の女性社員と比べれば賃金はかなり低く、〈名ばかり正社員〉のような条件の厳しい労働環境で働いていることも予想される。賃金は生活保護基準を大きく超えている者は少ない。さらにパートのシングルマザーよりも正社員シングルマザーの帰宅時間は一層遅くなり、家事、育児の負担はより大きい。

　面接調査では、低賃金、時間的余裕のなさ、育児支援が不十分な中でシングルマザーは必死に働いていることが明らかになった。派遣や契約社員といった非正規で働くシングルマザーの賃金は低い。正社員であっても雇用保険が利用できない、セクハラに遭うといった〈ブラック企業〉としか言いようがない企業でも働いている者もいる。また、個別の企業の問題だけではなく派遣法改正といった労働法制の改革も、彼女たちを救うどころか反対により厳しい労働条件を押し付ける結果を生じさせている。そして、離婚後に働いていても労働条件が厳しく体調を崩す、セクハラといった劣悪な雇用環境から失職する者もいる。これは『調査結果』を見ても、以前は働いていても調査時点で失職しているシングルマザーが約1割程度いることと無関係ではないだろう。

　このように彼女らは政策が求めるように就労をしているにもかかわらず、正規非正規を問わず賃金は低く経済自立は難しい。これは、社会全体の女性労働に対する評価の低さ、非正規雇用の賃金の低さと不可分である。そして労働時間や時間帯も決して子育てとの両立が容易いものではない中で働いているのである。

　第三にシングルマザーを支えるべき自治体の子育て支援は働くシングルマザーの命綱であるが、その一方で脆弱さを露呈している。待機児童が多くシングルマザーであっても保育所を利用できない、病児保育や休日の保育体制の不備、障がい児の支援などで、子どもがしわ寄せを受けているケースが見られた。これには、自治体のサービスの提供量が少ない、体制がニーズと合っていない、情報の提供

の不足という課題がある。

　第四に、このような厳しい状況の中でもシングルマザーたちは資格の取得や同じ企業の中でのキャリアアップのために努力していることが明らかになった。にもかかわらず、日本企業の労務管理が持つ課題である非正規から正規雇用への転換の難しさ、資格よりも「経験」が重視される曖昧な昇進の基準によって彼女らの努力が必ず報われるという保障はないのである。

　これまでの論点は働く女性との共通点の課題である。第五に、母子世帯特有の問題としては、公的支援が受けられる収入がかなり低く設定されていることである。正規であれ、非正規であってもシングルマザーの労働条件はかなり厳しいものである。それでも彼女らは働くことを選んでおり、その先に経済自立を望んでいる。しかし、賃金が上昇すると、あるいは子どもの受け取る養育費等が増えれば児童扶養手当をはじめとする支援が減額されるシステムになっている。

　「女性活躍社会」が標榜される前からシングルマザーは働いているし、これまで検討したように彼女らは自立を義務づけられ、十二分に努力している。彼女らの努力に社会が応えるためにも、雇用の場では女性労働者全体の賃金をはじめとする労働条件の向上、WLBの構築、正社員と非正規雇用の格差の是正と両者をつなぐキャリアパスの構築、長時間労働を前提とする企業の人事管理制度の改革が必要である。福祉の場では、子育て支援の一層の充実、児童扶養手当を中心とする社会給付の充実、職業訓練の充実とその間の生活保障が求められる。これらの多くの政策は働く、あるいはこれから働こうとする女性にも必要とされるものである。

　そして、シングルマザーが求めているのは生活保護のような経済給付だけではないことを忘れてはならない。求められるのは、彼女らが働いているにもかかわらず、貧困であるという不条理を解消する社会システムの構築である。

〔注〕
(1)　配偶者のない女子又は配偶者のない男子であって現に児童を扶養しているもの等に対し、その経済的自立の助成と生活意欲の助長を図り、あわせてその扶養している児童の福祉を増進することを目的としている。12種類の貸付金があり、連帯保証人の有無によって異なるが年利無利子または1.5％。国3分の2、自治体3分の1の負担割合。2015年度予算で44

特集 「女性活躍」政策下の労働

億円。(『支援について』より)
(2) シングルマザーが生活保護受給を考えても申請しない理由の一つは、自家用車の保持の問題である。生活保護を受給するには資産を先に活用することが求められる。どんなに古い自家用車も資産と見なされるので、受給する場合自家用車は処分しなければならない。しかし、子どもを抱え毎日保育所や学校と職場、家庭と移動するために自家用車が不可欠な移動手段となっている地域も少なくない。小学校等の部活でも親の送迎が要請されることもある。生活保護受給を機に自家用車を処分し働きに行けなくなり失職するケースもある。
(3) 雇用保険の被保険者である者又は被保険者でなくなってから1年以内にある者が、厚生労働大臣の指定する専門的・実践的な教育訓練(専門実践教育訓練)を受ける場合に、訓練費用の4割(上限年間32万円)、就職して1年経ったら2割(上限年間16万円)を支給するもの(厚労省HP)。
(4) 専門実践教育訓練を受講する若年離職者に対して、訓練期間中の受講支援として、基本手当日額の50%相当額を 訓練受講中に2か月ごとに支給するもの(平成30年度末までの暫定措置)(厚労省HP)。
(5) ひとり親家庭の親が高卒認定試験合格のための講座(通信講座を含む)を受け、これを修了した時及び合格したときに受講費用の一部を支給する。2015度から(厚労省HP)。
(6) 札母連とは「札幌市内における母子寡婦(寡婦=母子家庭であった者で子どもが成人したもの)団体の健全な発展と推進のため、会員相互の連絡及び指導機関として、母子及び寡婦の福祉の推進を図る」(札母連HPより)組織として1954年に設立された公益社団法人。現在会員約1,000人。ひとり親家庭就業支援センターや母子寮の運営を札幌市から委託されている他、職業訓練や相談事業、子育て支援を行っている。詳しくは(中囿、2010)参照のこと。
(7) ひとり親家庭の親が、就職・修学などの自立促進に必要な事由や、一時的な疾病など(一時的なものに限る)により日常生活を営むのに支障がある場合に数日程度、支援員を1時間150円でご自宅へ派遣し必要な家事援助・介護等を行う(札母連HPより)。
(8) ファミリーサポートセンターが子育ての援助を受けたい人(依頼会員)と援助したい人(提供会員)とにより会員組織をつくり、地域の人が子育て家庭を支援する。利用時間は6時から22時。19時まで時間700円、その後は800円。交通費実費がかかる(札幌市HP)。

〔参考文献〕
阿部彩、2008年『子どもの貧困』岩波新書
阿部彩、2014年『子どもの貧困 II』岩波新書
赤石千衣子、2014年『ひとり親家庭』岩波新書
布川日佐史編、2006年『生活保護自立支援プログラムの活用〈1〉策定と援助』山吹書店
ひとり親家庭等の在宅就業支援事業評価検討会、2014年『ひとり親家庭等の在宅就業支援事業評価検討会 報告書』

JILPT、2008年、労働政策研究報告書No.101『母子家庭の母への就労支援に関する研究』
JILPT、2013年、労働政策研究報告書No.159『子育てと仕事の狭間にいる女性たち』
小林美希、2015年『ルポ　母子家庭』ちくま新書
釧路公立大学地域経済研究センター、2006年『生活保護受給母子世帯の自立支援に関する基礎的研究―釧路市を事例に―』
厚生労働省、平成10～23年度『全国母子世帯等調査結果報告』
厚生労働省、2015年、2016年『ひとり親家庭等の支援について』
厚生労働省、2014年『平成25年度 母子家庭の母及び父子家庭の父の自立支援施策の実施状況』
厚生労働省、『厚生労働白書』
中囿桐代、2006年a「生活保護受給母子世帯の「自立」支援―釧路市調査を事例として―」『賃金と社会保障』1426号
中囿桐代、2006年b「生活保護受給母子世帯の「自立」支援」　布川日佐史編『生活保護自立支援プログラムの活用』山吹書店
中囿桐代、2010年「母子家庭の母の当事者団体における就業支援の意味―札幌母子寡婦福祉連合会を事例として―」『釧路公立大学地域研究』第19号
中囿桐代、2011年「釧路市生活保護自立支援プログラムの成果と課題」釧路公立大学紀要『社会科学研究』第23号
中囿桐代、2012年「生活保護受給者に対する就労支援の意義：「釧路モデル」における雇用と福祉の連携の課題」釧路公立大学紀要『社会科学研究』第24号
中囿桐代、2013年「『ワークフェア』を求める母子家庭の母たち―札幌母子寡婦福祉連合会の就労支援―」札幌女性問題研究会『北海道社会とジェンダー』
NHK「女性の貧困」取材班、2014年『女性たちの貧困　"新たな連鎖の衝撃"』幻冬舎
内閣府『男女共同参画白書』
内閣府『子ども・若者白書』
札幌女性問題研究会、2013年『北海道社会とジェンダー』明石書店
湯澤直美、2014年「シングルマザーは高就労で高貧困率　女性の経済的自立は構造的問題」朝日新聞社『Journalism』no.295

投 稿 論 文

1 大阪府における地域雇用政策の生成に関する
  歴史的文脈の分析　　　　　　　　　　　　　　　筒井　美紀
  ——就労困難者支援の体系化に対する総評労働運動の影響——

2 上海の大衆寿司店におけるローカル化と「寿司
  職人」の成立及びその役割　　　　　　　　　　　王　　昊凡

大阪府における地域雇用政策の生成に関する歴史的文脈の分析
——就労困難者支援の体系化に対する総評労働運動の影響——

筒井　美紀
(法政大学)

1．本論の目的

　本論は、2005年ごろに地域雇用政策を就労困難者支援として体系化した大阪府に関し、なぜこのような独自性を発揮できたのか、その歴史的文脈を、オーラル・ヒストリーを用いて解明する。近年、改正雇用対策法の施行（2000年10月）、改正地域雇用開発促進法の施行（2001年10月）、地方公共団体による無料職業紹介事業の認可（2003年6月）、パーソナルサポートモデル事業の実施（2010～2011年度）、生活困窮者自立支援法の成立と施行（2013年12月／2015年4月）と、地方自治体が（困難を抱えた）住民の雇用・労働に、一定の義務を負う政策や事業が実施されてきた。だが、それはなかなか進んではいない。

　言うまでもなく地域雇用政策は、国の「号令」によって一朝一夕に立案され機能し始めるわけではない。そこに至るまでには、多様なアクターによるさまざまな試行錯誤が長期にわたり存在する。大阪府では、それらを誰がどのように、就労困難者を対象とする地域就労支援（以下、「地域就労支援」と略記）として体系化していったのだろうか。この解明は、各自治体・地域が就労支援に取り組むさいの有意味な知見と理解とを提示しよう。

　さて、大阪府による地域就労支援の体系化を理論的・実証的に解明した先駆的研究は、田端編著（2006）である。この序章で佐口は、地域雇用政策の三要件を、①主体（地方自治体が立案・執行の中心になり、結果の責任まで負う）、②理念と手段（明示された政策理念、一貫性と体系性を有した手段）、③雇用政策としての固有の意義（産業政策や地域開発政策に埋没しない）とし、この理論的整理に照らして、2000年前後の大阪府は他都道府県に先駆け、これらを充たす

政策を展開していたと評価する（佐口 2006a: 5）。続く第1章で佐口は、大阪府が「こうした独自性を発揮できた」のは、「個々の対象者の状況に即した支援としての福祉的施策の経験と地域レベルでの労働関連政策の展開」という「二つの流れが、地域雇用政策という形で合流、結実していった」からだと指摘する（佐口 2006b: 20）。

本論は、この指摘を掘り下げる。というのも佐口は、「二つの流れ」の「本格的検討は他日を期」すことにして、「若干の歴史的経緯についてふれておく」にとどめているからである。1990年代前後から整理されたその内容は、簡にして明であるものの、B5版でわずか3頁半である（佐口 2006b: 20-22, 25-26）。それゆえ本論は、「二つの流れを、地域雇用政策という形で合流、結実させていった」アクターのありようを詳解する。

そこで本論は、オーラル・ヒストリーを中心に、記録文書や先行研究を併用し、地域雇用政策が生成した歴史的文脈を析出し再構成する。聴き取りの対象者は、「二つの流れ」に関与したキーパースンのなかの、冨田一幸氏（元・部落解放同盟西成支部長）、高見一夫氏（中小企業診断士、大阪地域職業訓練センター館長）、橋本芳章氏（元・自治労大阪府職員労働組合執行委員長）である（**表1**）。1980年代序盤から2000年前後まで三氏は30〜40代で、プレイング・マネジャー的に交渉・調整や調査・分析をこなしていた。つまり彼らは、トップの地位にある人よりも「事実の多様性と変化する特性についてもっと気がついて」おり、「豊かな事実をもたらしてくれる」（Webb 1926/1950:362, 409）語り手である。

御厨（2002: 5-10）は、日本の公人は、密室で行なうのが政治であり官僚であるという暗黙の了解から、政策決定や施策調整の記録を残しておらず、記録に基づく検証や熟議ができない、これではいけない、と力説する。だから、「公人の、

表1　聴き取り対象者の一覧

氏名	冨田一幸氏	高見一夫氏	橋本芳章氏
略歴	1952年生まれ。元・部落解放同盟西成支部長。	1953年生まれ。中小企業診断士、大阪地域職業訓練センター館長。	1950年生まれ。元・自治労大阪府職執行委員長。
聴き取り実施日	2015.09.03	2015.03.05, 04.22, 05.27, 06.22, 09.03	2015.09.03, 11.20, 2016.02.18

専門家による、万人のための口述記録」であるオーラル・ヒストリーが不可欠である。この主張に賛同する本論は、「公人」を公共的な出来事に関与した人びとへと拡大しつつ、分析を深めていきたい。

本論は、御厨（2002: 55-76）によるオーラル・ヒストリーの5類型のうち、「文脈形成型」に相当する。文脈、つまり出来事（ここでは、大阪府による地域就労支援の体系化）に関する「なぜ」「いかに」という問いに対する解、を析出し再構成する。結論を先取りすると、(a) 部落解放運動内部から生じてきた普遍化志向の地域活動、(b) 障害者団体と中小労働組合の共同行動、(c) 自らの職務の社会的意義と内容を分析し職務を発展させる自治研運動、となる。では、こうした活動の生成に影響したものは何であったのだろうか。(a)(b)(c) をよりマクロな歴史的文脈に位置づけてみると、総評／大阪地評労働運動が、これらに対して作用したことが理解できる。つまり、キーパースンは、確かに主体として「創始の力」（Arendt 1958＝1994: 287-290）を発揮したのだが、その元となる発想・所作やネットワークは、1970～80年代の総評／大阪地評労働運動のなかで培われたのである。

自治体の地域就労支援に関しては、少なからぬ先行研究がある（大谷・澤井編 2008; 釧路市福祉部生活福祉事務所編集委員会編 2009; 大阪市政調査会編 2014; 筒井・櫻井・本田編著 2014など）。だが、その政策を歴史的文脈のなかに位置づけようと試みたものは、櫛部ほか（2014）などを別にするとあまりない。同書は、釧路市が2000年代半ば以降、就労困難者自立支援で「有名」になるまでの苦渋の前史をも含めた、大変興味深い聴き書きである。ただし、聴き手の一人である金井利之が、さまざまな「記録や記述を重ね合わせていくなかで、"事実" や "実態" なるものを、確認していく作業を続けていかなければならない」（同書: 175）と述べるように、掘り下げた分析や理解はこれからなのである。

地域就労支援を歴史的文脈に位置づけた研究が少ないのは、その労力もさることながら、地域就労支援が「着手されたばかりの新たな公共サービス」（櫻井 2014: 210）であり、関連法・政策が矢継ぎ早に展開してきたため（本論冒頭）、いかなる制度・政策が効果的かという現在志向・解決志向の関心が、社会的・研究的に強く存在するからだと考えられる。だが、地域就労支援に不可欠な庁内外

のネットワークは、時間をかけて形成されるのだから、歴史的視点を欠けば、制度・政策の理解は表層的なものに終始しよう（加藤 2011: 171）。

　本論は次の第2節で、佐口（2006b）が指摘する「歴史的経緯」を確認のうえ、それを掘り下げる問いを3つ設定し、三氏への聴き取りの妥当性を説明する。第3〜5節は、問いを順に解明し、上述の（a）（b）（c）を析出する。第6節は、以上を綜合し、1970〜80年代の総評／大阪地評運動のなかに位置づける。第7節は、本論の含意と示唆について述べる。

2.「歴史的経緯」の確認、問いの設定、データと方法

（1）佐口（2006b）の関連箇所の要約

　佐口は、「地域雇用政策という形で合流、結実していった」「二つの流れ」を、それぞれ2つの要素に分類している。「個々の対象者の状況に即した支援としての福祉的施策の経験」は、以下の①と②、「地域レベルでの労働関連政策の展開」は、以下の③と④、である。

① あいりん地区や同和地区の対策事業の経験

　あいりん地区では、1961年に無料職業紹介や労働福祉事業が大阪府の補助事業として開始され、のちに財団法人・西成労働福祉センターが引き継いだ。同和地区では1993年から特別職業指導員と職安職員が解放会館に出向き職業相談を行なっていた。これらを佐口は、「雇用や生活面で最も深刻な層への対策について試行錯誤してきた経験」であり、「単なる雇用政策でもなければ福祉政策でもない、両者を融合させた施策へとつながる成果」と評価している（佐口 2006b: 21）。また、地域就労支援センターのモデルの1つとなったのは、解放会館の「福祉と雇用を結ぶコーディネートセンター」の機能だと指摘する。なお、地対財特法の2001年度末失効を前に、「同和地区でのこれまでの事業の代替案が必要とされ」ていたにせよ、「就業困難者支援のための一般事業として発展させていこうという府の戦略があったこと」への留意を促している（佐口 2006b: 25-26）。

② 「行政の福祉化」という理念の具現化
　大阪府では、府政の全分野を福祉の視点から総点検するという意味での「行政の福祉化」という理念が、1980年代半ばより意識されてきたといわれている。その後、1999年度と2002年度設置のプロジェクトチームが結実させた「総合評価一般競争入札制度」は、官公需発注の評価項目に「公共性評価」として福祉への配慮（障害者や就労困難者の雇用）を盛り込んだ。「大阪府がこのような観点を重視し始めたひとつの背景としては、この地域での福祉関連団体の活動の積極性が指摘されている」（佐口 2006b: 21-22）。

③ 1989年度からの「労働行政地域総合システム」
　大阪府は1989年度から「労働行政地域総合システム」を開始した。これは、府下市町村が地域に密着した労働関連サービスを展開できるよう、府内5箇所に総合的出先機関として労働事務所を設置し、市町村労働関係事業調査を実施しつつ、市町村の側面支援とネットワーク化を行なうものである。そのため、縦割り行政のなかで住民にとって細分化された労働行政窓口を統合した。こうした取り組みについて佐口は、「労働者にとって最も身近な地方自治体である市町村の労働行政への参画意識をより向上させていくことに狙いがあったといわれている」と指摘している（佐口 2006b: 22）。

④ 2000年度発足の商工労働部における雇用推進室の設置
　雇用推進室は、2000年度に商工部と労働部が合併し商工労働部が誕生したさいに設置された。当初、同室は企画課と対策課の二課体制で出発したが、2002年度には労働福祉課が傘下におさまり、総合労働事務所も同室直属となった。2005年度になると、能力開発課も傘下に入った。佐口は、大阪府が、①②③の経験を前提に独自の地域雇用政策を作り上げていった中心機関は雇用推進室であった、と述べている（佐口 2006b: 22）。

(2) 問いの設定、およびデータと方法
　佐口による以上の説明と評価からは、以下3つの問いが浮かぶ。

投稿論文

表2　大阪府の主な出来事と聴き取り対象者のキャリア・ヒストリー

大阪府の主な出来事	冨田一幸氏	髙見一夫氏
1971 黒田了一知事		
1975 黒田知事二期目		
1976.12月「大阪府いのちとくらしを守る共闘会議（いのくら共闘）」設置	1976 部落解放同盟大阪府連専従書記。上田卓三衆議院議員秘書	
1979 岸昌知事		1979 ゴム部品製造中小企業入社、生産管理
	1980 大阪最賃闘争、谷畑孝の下で働く	
1981 大阪府同和地区人材雇用開発センター設立		
1989.4月 労働行政地域総合システム 10月 連合誕生	1989 谷畑孝の参議院当選により地元秘書に	
	1990 府連本部から西成支部書記次長で異動	1990年代初頭　大学の先輩の誘いを受け（株）中企連情報センターで機関誌編集、取材、政策分析などに従事。その後、参議院議員政策秘書を経験
1991 中川治、府議会議員に		
	1993 アスタック設立	
	1994 西成支部書記長。支部長は松岡徹	
1995 横山ノック知事。改革大阪おおさか与党少数会派	1995 生きがい労働事業団設立	
	1996 ワークあい設立。「総合生活相談」実施	1996 秘書を辞す
	1997 NICE 設立	
		1998 ワーク21企画設立
1999.7月 梶本徳彦企画調整部長を副知事に 11月 行政の福祉化PT発足	1999.6月 エル・チャレンジ設立	1999 中小企業診断士取得。冨田氏に出会い、エル・チャレンジ設立に関与
2000.2月 太田房江知事 4月 自立・就労支援方策検討委員会。地域就労支援モデル事業（茨木市、和泉市）		2000年代初頭 Aダッシュワーク創造館でコミュニティ・ビジネス講座の講師 C-STEP求職者研修のプログラム作成と研修講師 地域就労支援コーディネーター研修講師
2002.2月 C-STEP発足 3月 地対財特法期限切れ 4月 府下18市町で地域就労支援事業実施	2002 西成支部副支部長 4月 大阪市地域就労支援センター初代所長	
2003.10月 総合評価一般競争入札実施		
2004.4月 府下全43市町村で地域就労支援事業実施	2004 西成支部支部長	
	2008.10月 Aダッシュワーク創造館の運営を担うため、LLP大阪職業教育協働機構を設立	

大阪府における地域雇用政策の生成に関する歴史的文脈の分析

　第1、大阪府が同和対策としての雇用政策を一般対策のそれへと発展させるにあたって、部落解放運動はどう反応し関与したのか。1969年に発する同和対策事業の法は、1996年7月の閣議決定により、2001年度末に失効、一般事業への移行がいよいよ決定的になった。これに反対した同和関係者もいれば、同和行政に依存しないオルタナティブを模索した人びともいた。そうした動向と大阪府の一般対策への転換とは、どう絡んだのか。この解明には、冨田一幸氏の聴き取りを主に活用する。冨田氏は、1990年代に部落解放同盟の地域活動を実践し、行政の一般事業へとつなげていった人物である（**表2**）。

　第2、大阪府に「行政の福祉化」という理念を重視させ始めた「この地域での福祉関連団体の活動の積極性」とは、具体的にはいかなるものであったか。また、官公需発注の評価項目に「公共性評価」として福祉への配慮を盛り込んだ「総合評価一般競争入札制度」は、誰が発案し、いかにして制度化されたのか。この解明には、高見一夫氏と冨田一幸氏の聴き取りを主に活用する。冨田氏は、障害者雇用運動にも深く関与し、1999年に「大阪知的障害者雇用促進建物サービス事業協同組合」を設立している。そのとき中小企業診断士として、行政や福祉関連団体との実務的折衝を中心的に担ったのが高見一夫氏である（表2）。

　第3、1989年度開始の「労働行政地域総合システム」は、どのような経緯のなかで発案され構築されたのか。いまから30年近くも前に、基礎自治体の労働行政への参画意識を向上させる取り組みが制度化されたのは、興味深い事実である。この解明には、橋本芳

橋本芳章氏
1968 大阪府入庁、府立病院配属
1975　労働部労政課へ
1981.10月 労働支部書記長、自治研活動推進
1987 大阪府地方労働委員会に異動。労働支部自治研推進委員会、労働行政改革提言
1988 府下市町村労働行政担当者会議実施
1989.10月 自治労府職本部書記次長
2003.10月 自治労府職本部副執行委員長
2008.10月 自治労府職本部執行委員長

113

章氏の聴き取りを主に活用する。橋本氏は1968年に大阪府入庁、最後は自治労大阪府職員労働組合本部の執行委員長を務めた（表2）。同労働支部書記長であった1987年に提言した労働行政改革は、その少なからぬ部分が「労働行政地域総合システム」へと反映されている。

　本論が行なうのは、ナラティヴ分析ではなく、歴史的文脈の析出・再構成であるため、「インタヴューのストーリー」が「事実としての詳細を伝える資料」となるよう（Thompson 2000=2002: 468-469）、三氏には詳細な質問項目と簡易年表を事前送付した。聴き取りは1回2時間から3時間半、ICレコーダで録音された（表1）。書き起こしと本論草稿はすべて三氏に確認して頂いた。以下で［　］は筆者の補記、「…」は中略の意味である。

3. 部落解放同盟の地域活動──大阪府の地域雇用政策との関係

（1）同和対策事業のオルタナティブへ

　第1の問いは、大阪府が同和対策としての雇用政策を一般対策のそれへと発展させるにあたって、部落解放運動はどう反応し関与したか、である。政府は1990年代、同和対策事業の法の打ち切りを、いよいよ明確化した。他方で部落解放同盟も、「90年代前半には特別対策事業方式の限界を指摘し、事業法の単純な延長はこれ以上求めないとの姿勢を内外に示した」（奥田 2005: 58）。行政と運動とで方向性が一致した、こうした理念や方針の転換は、ミクロ／メゾ・レベルでの新たな実践の展開とさまざまな利害の調整とをもたらした。そのありようを、大阪府における解放運動の中心であった西成地区を事例に見ていこう。

　前述のように、冨田一幸氏が、部落解放同盟大阪府連本部から西成支部へ書記次長として異動したのは1990年であった。当時の書記長は松岡徹氏（のち支部長、大阪市議会議員を経て2004年に参議院議員）だ。冨田氏によれば、松岡氏は1992年に「『同和対策をやめる』という宣言をしたんです」。というのも、貧困や格差が「まだ残っているところがある」と主張して「オールクリアランスしようと思ったら」キリがない。「僕も［松岡氏に］話しましたけど、『こんなん、まだ残ってる、これやったって［＝と主張し続けても］、一体いつまで続くんや。

公営住宅つくっていてもおもろうないや、やめようや』って話」をした。なぜキリがないかといえば、「インナーシティの深刻さは、同和地区という括りで括れるわけではなくて」、そこに「さまざまな社会問題が集中する」ことにあるからだ。だから、そうした「問題を採り上げて闘う、運動をやる、ということに決めた」。

そこで冨田氏らは、同和事業供給下での生活を当然視しない地域づくりを推進していく。そのために、まずもって実施したのは地域の実態調査である。部落解放同盟西成支部（1998: 30）によれば、「障害者ニーズ調査」（1992年、1,000人）、「市営住宅入居者意識調査」（1993年、1,300世帯）、「母子父子家庭生活実態調査」（1993年、150人）、「高齢者ニーズ調査」（1994年、1,700人）など、多様な地域調査を実施した。冨田氏によれば、西成支部の青年部には非専従の活動家がずらりとそろい、「30人からの人たちが一斉に相談［を兼ねた訪問調査］に行って、1か月くらい続」く。1軒に1時間をかけたという。

こうした調査をふまえ、さまざまな事業を立ち上げていく。1993年、アスタック（障害者就労支援センター）設立、1995年、生きがい労働事業団設立、1996年、ワークあい（西成地区自立・就労支援センター）設立、「総合生活相談」実施、などである（表2）。

（2）訪問調査が変えたまなざし

上記を、調査による実態・ニーズ把握→事業実施、と機能主義的に捉えるのは表層的である。それではあたかも、調査・事業実施者は権威の高みに立ち、対象者は客体であるかのようだ。だがそうではなく、冨田氏ら自身が、まなざしの変化すなわち情念が揺さぶられる経験をしたのである。「障害者ニーズ調査」では、「働いていない人が大半なうえ、その多くは『障害のため』と仕事探しさえ諦めていた。…ここでの発見は、障害者の多くが『求職者』あるいは『失業者』にさえなっていないという現実である。なるほど、『失業者』は『仕事を失う』と書くわけで、一度も働いていない（あるいは、長く働いていない）人は『失い』ようがないから、施策から排除されてしまいがちになる」（冨田 2005: 63）。

丹念な訪問調査がなかったら、多くの障害者が「『万年床』『テレビ』『店屋物』

に象徴される『ひきこもり』状態になっている」（冨田 2005: 63）実態もその理由も、そしてまた、制度の谷間に落ちたまま不可視化されている現実も、明かされないままであっただろう。世間の眼には、外面の無気力な様子だけが映り、意欲がないといった道徳的非難に終始したであろう。だが、丹念な訪問調査によって冨田氏ら自身が驚きをもって発見したのは、制度が供給すべきチャンスの欠如と、当事者の苦しみを共有した対話の欠如とによって、意欲を喪失させられている人びとであった。かくして生まれたのは、仕事探しを諦めている人びとに供給すべきなのは、就労は難しかろうといって給付する現金よりはむしろ、障害特性を考慮した職場や、その就労に向けた支援である、という発想であった。

　「相談」は、就労支援に不可欠な機能の1つである。その神髄は「人生を一緒に語り合って、そこからチャンスを見つけ出す、関係性から見つけ出す」（冨田 2005: 97）という人間的な対話だ。そのため冨田氏は、「統一相談用紙…要するに個人カルテを作」り、月曜から金曜まで曜日ごとに相談テーマを決めて、総合生活相談を開始した。すると「最初は怒られてね。『生意気や』と言われたけど、『こんだけ待たせとくほうが、よっぽど生意気や。だから、ちゃんと予約してやりましょうや』と」。

　最初、「生意気や」と怒った人びともいたのは、総合生活相談が従来とは異なるサービスだからである。同和事業供給下での生活を当然視すれば、相談に行くとは仕事を（仕事の世話をして）もらうことであった。しかるに冨田氏らが開始したのは、本人が自分の人生の主人公となる努力を地域が支えるという事業だったのである。つまりそれは、相談で終わるのではなく、対象者に必要な諸機関とネットワークを結ぶ、なければ新たに創り出す、という営みであった。そこでの就労支援の中心にあったのが、ワークあい（西成地区自立・就労支援センター）である。相談者をワークあいに登録するよう誘い、そこで提案されたさまざまなチャンスを活用し、自ら能動的に活動していくことを促した。「個々の対象者の状況に即した支援としての福祉的施策」（佐口 2006b: 20）の原型が、ここに確認される。

(3) 特別職業指導員から就労支援コーディネーターへ

　第2節で述べたように、同和地区では、特別職業指導員と職安職員が同和地区の解放会館に出向いて行なう職業相談が、1993年から実施されていた。解放会館の事業内容は、各自治体が条例によって、同和問題の調査・研究・啓蒙や、同和地区住民の各種講習・相談・指導などと定めていた。これは佐口 (2006b: 25-26) の、解放会館は「福祉と雇用を結ぶコーディネートセンター」の機能を果たしてきたという指摘と合致する。

　解放会館のこうした機能は、大阪独自の同和対策事業である特別職業指導員制度の廃止によって、地域就労支援事業へと転換される。特別職業指導員は、大阪府が2000年4月に「自立・就労支援方策検討委員会」（座長・大谷強）を設置した時点で、11人が雇用されていた。この11人を、財政的理由と機能的理由によって雇用終了としたのである。

　財政的理由について。地域就労支援事業の実施には、就労支援コーディネーターの人件費がかかる。そこで特別職業指導員を廃止し、その事業費から付け替えたのである。冨田氏によれば、検討委員会開催当時、「ざっと1億円近い事業費」だった。つまり、この1億円程度を原資に大阪府が補助金として市町村に按分し、「あとは市町村が、…［自分のところの］同和対策事業費か何かを切って、半分の金を用意」することで、各市町村が、1〜2人の就労支援コーディネーターを配置できる、という筋書きだったのである。

　機能的理由について。府内の同和地区を巡回する特別職業指導員が11人では、量的に不足するばかりではなく、職安からの巡回では、職業斡旋に比重がかかり、総合相談を中心に据えた地域のネットワーク化は思うように進まない。仕事探しのずっと手前でとどまっている人びとが、制度の谷間に落ちているという、西成地区での訪問調査が発見した問題状況に、特別職業指導員制度では充分に対応できない。

　これら11人は部落解放同盟関係者である。そこで冨田氏は、彼らと同制度の関係者を説得する役回りの一翼を引き受け、その責を果たす。以上のようにして大阪府は特別職業指導員制度を廃止し、地域就労支援事業の開始にあたって、その予算を確保したのである。

4. 行政の福祉化──福祉関連団体の積極的活動

(1)「行政の福祉化」という理念のおこりと雇用政策への展開

　続いて第2の問いである。大阪府に「行政の福祉化」という理念を重視させ始めた、「この地域での福祉関連団体の活動の積極性」とは、具体的にはいかなるものであったのか。また、官公需発注において評価項目に「公共性評価」として福祉への配慮を盛り込んだ「総合評価一般競争入札制度」は、誰が発案し、いかにして制度化されたのか。

　佐口（2006b: 21）によれば、「『行政の福祉化』という理念そのものは1980年代半ばに遡るといわれている。施設と在宅の福祉施策を地域としてまとめて推進していく際に、行政の中に福祉的要素をより取り込む必要があるということで使われ始めた」。これに関して、橋本芳章氏は、「府庁内で『行政の福祉化』を言い出したのは、岸昌知事のとき副知事 [1983〜1990年] だった中川和雄さん、それを完成させたのが健康福祉部長と企画調整部長のあと副知事 [1998〜2007年] になった梶本徳彦さん」であると指摘する。

　中川副知事が「行政の福祉化」を言い出した1980年代半ばは、大阪府は、財政再建の真最中にあった。第一次石油危機を契機とする経済不況の煽りを受け、1970年代後半より府は膨大な赤字を抱えることになった──と行政改革担当理事であった末吉喜久雄は述べている（大阪府地方自治研究会 1987: 58-59）。そのため、福祉施策の展開にあたって新たに予算をつけて施設を新築するという方策は難しい。そこで、府営住宅など既存の各種施設を福祉利用へと転換してはどうか、というアイデアが出される。これが「行政の福祉化」という理念のおこりである。つまり「行政の福祉化」は、財政再建という課題のなかで生じたものだといえる。その時点での内容は、既存施設の福祉への物理的転用であった。

　しかるに、1990年代半ば以降は、既存施設の制度的転用によって、福祉対象者の雇用を増やすというアイデアが出てくる。具体的には、大阪府やその外郭団体が所有する諸施設の清掃業務に、障害者や母子家庭の母親が従事できるよう発注仕様を変更する。こうすれば、予算の増額なしに福祉政策と雇用政策を融合できる。この発案者は、中川治ら府議会少数与党「改革おおさか」のメンバーであ

り、彼らとよく議論したという高見一夫氏は、このアイデアは「行政マンには非常に受けたと思います」と述べる。大阪府はこれを2003年10月に「総合評価一般競争入札制度」として結実させる。その内容は、(1) 価格評価62点、(2) 技術評価（知的障害者の研修・訓練を含む）16点、(3) 公共性評価22点（地域就労支援事業を活用した新規雇用など、福祉への配慮）、というものであった。

(2) 就労訓練・就労支援としての「行政の福祉化」

この制度の実現には、府庁や福祉関連団体やビルメンテナンス業者の足並みが揃わなければならず、多くの準備と利害調整が必要であった。その様子を具体的に確認しよう。

1998年当時、府立大型児童館ビッグバンが建設中で（1999年6月開館）、梶本徳彦企画調整部長をはじめ府庁関係者は、その清掃に、政策的随意契約によって知的障害者を従事させることに決めた。この案件に関わった高見氏は、当時の状況を次のように説明する。「当時、確かに知的障害者に仕事がなかったですわ。バブル崩壊からしばらく経っているでしょ。せっかく就職した障害者の子も、クビになったみたいなことが起こっていて…社会福祉法人・大阪知的障害者育成会や行政のなかでいろんな議論があった。…その内容は概ね、知的障害者に適切な仕事は清掃かリネン、クリーニングかなという話やったんです」。

上記の高見氏の説明は、『エル・チャレンジ』の以下の記述と符合する。大阪知的障害者育成会理事長であった「塩見［健一郎氏］は『せっかく通勤寮…に入った知的障害者が、リストラにあって寮に閉じこもっているなんて、放っておいていいのか』と繰り返し訴えていました」（大阪知的障害者雇用促進建物サービス事業協同組合編著 2005: 14）。知的障害のある子をもつ親の会から発した同育成会は、実効的な就労対策を自治体に要請していたのだ。こうした「福祉関連団体の積極的な活動」（佐口 2006b: 21-21）を受けとめながら、大阪府が障害者雇用政策に注力する様子の一端が、ここにうかがえよう。

では、ビッグバンの清掃の受託団体はどうあればよいか。「社会福祉法人というのはちょっと違う。…そこで出された案が、中小企業等協同組合法に基づく事業協同組合です」（高見氏）。この組合は「大阪知的障害者雇用促進建物サービス

事業協同組合（通称：エル・チャレンジ）」として1999年6月結成となる。ただし、出発時点から組合員であった社会福祉法人の育成会などは、定款に清掃や建物サービスを事業として謳っていなかった。そのため髙見氏は、定款変更による整合性の担保といった細かい実務に神経を配った。

　しかし、最も腐心したのは、ビッグバンの清掃に我が子が雇用されることを願う知的障害者の親たちに、雇用ではなく（枠はわずか3人）、1年間の就労訓練を受容してもらうことであった。「冨田さんたちが考えていたのは… 1年間、そこで訓練をして力をつけ、一般企業への就労につながれば、その訓練現場がみんなのものになるじゃないかという発想。しかし親御さんたちのなかには、当初、就労訓練の場として位置づけることに、すごく抵抗がありました」。つまり1990年代末ごろは、障害者雇用の分野において就労訓練・就労支援という発想は非常に新しく、受け入れがたく感じた人びとも多かったことがわかる。

(3) 総合評価入札制度に向けた合意形成

　かくして、ビッグバンの清掃受注によってエル・チャレンジは出発し、その後、「府有施設の清掃業務を、知的障害者の雇用ではなく、民間企業での雇用促進のための訓練（就労支援）として活用することを提案して、随意契約の条件（政策目的）をいっそう整備してい」く（大阪知的障害者雇用促進建物サービス事業協同組合編著 2005: 54）。ただし、たとえエル・チャレンジの就労訓練・就労支援が優れていたとしても、ビルメンテナンス業者の事業環境自体が変革されないと、訓練のための訓練に終わる。なぜなら、庁舎管理業務の入札が価格評価のみの単年度競争入札であるため、労働者の賃金を最低賃金ぎりぎりに設定し、落札できなかったら解雇する――これが、エル・チャレンジの訓練修了生が一般就労していくビルメンテナンス業者の「ビジネス・モデル」であったからだ。

　そこでエル・チャレンジは、同じく抗議の声を上げていた全日本港湾労働組合建設支部と共同行動をおこす。同支部にはビルメンテナンス業者で働く組合員が所属し、一致する利害があったのだ。2002年2月12日、大阪府に「障害者から職場を奪う入札制度の改善を求める要望書」を提出、前述の総合評価一般競争入札制度を提案する。大阪府は、2003年度からこれを導入する（大阪知的障害者

雇用促進建物サービス事業協同組合編著 2005: 61-65)。

　この経緯を、福祉関連団体と労働組合が共闘し行政に公正性を迫り成果を得た、と理解するだけでは不充分である。同制度の導入にあたり大阪府は、ビルメンテナンス業者が反対しないかと懸念していた。だから、その払拭に何がなされたかを見ておく必要がある。

　当時エル・チャレンジの理事長であった冨田氏は、「とにかく僕の仕事は、ビルメン［テナンス業者］の合意を取ることや」と考えた。そこで冨田氏は、ビルメンテナンス業者の調査をする。「企業のニーズ調査をずっと、二十何社の聴き取り調査をやって、政策化しようということをやって。企業も喜んでくれるわけです」。同時に、労働者の聴き取り調査も実施し、労働条件や勤務実態の改善や不安・悩みの解消といったニーズをくみあげる。これで「労働組合［全港湾建設支部］が納得するわけです」。あわせて、「自治体ビル管理契約研究会」を開催し、ビルメンテナンス業者、労働組合や福祉団体、自治体職員らで、上記調査データを活用しながら議論する。このようにして、ステークホルダーの理解促進と合意形成に取り組み、総合評価一般競争入札制度導入への道ならしを行なった。

　以上が、大阪府に「行政の福祉化」という理念を重視させた、「この地域での福祉関連団体の活動の積極性」の具体的中身である。

5. 労働行政地域総合システム──自治研運動をとおしたボトムアップの施策策定

(1) 大阪府の財政再建と地方自治としての労働行政の積極展開

　最後に、第3の問いである。1989年度開始の「労働行政地域総合システム」は、どのような経緯のなかで構築されたのか。前節でも指摘したように、1980年代、財政再建に取り組む大阪府は、組織の統廃合と人員削減とを進めようとしていた。労働行政分野におけるその内容は、労政事務所、中小企業労働相談所、労働セツルメント、勤労青少年ホーム、勤労婦人ホーム、職業サービスセンターを廃止し、府内5箇所に総合的出先機関として労働事務所を設置する、というものであった（大阪府地方自治研究会 1987: 62, 67)。

　ただし大阪府は、(2000年施行となるが) 国による労働行政の一元化という論

調には、「地方自治の本旨とは反対の方向で改革が検討されている」（大阪府地方自治研究会 1987: 62）として反対し、労働サービス行政は労働基準行政を除いて、地域に密着した労働関連施策を市町村が展開できるよう、基本的に府が担うと主張していた。市町村が、労働問題や労働組合の結成といった住民の相談を解決に導けるよう（解決型労働相談）、府がマニュアルを作成し、市町村研修を行なうなど側面支援体制を確立する。そのために労働事務所が総合的出先機関として市町村をネットワーク化する──という「絵」を描いた。

橋本芳章氏は、その「言い出しっぺは支部」だと述べる。「支部」とは、自治労大阪傘下の大阪府職員労働組合（自治労府職）の労働支部のことだ。橋本氏は、1975年4月から1987年3月にかけて労働部労政課労働組合係、1987年4月から1989年9月にかけて地方労働委員会に勤務した（表2）。この間、まずは労働支部の青年部長を、1981年10月より同書記長を務め、自治研活動を推進した。府職自治研集会で労働支部は、1986年に『新時代に対応できる労働行政をもとめて』、1987年に『労働行政をすべての労働者の手に』と題する報告書を提出している（自治労大阪府職員労働組合労働支部 1986, 1987）。並行して橋本氏は、大阪府労働部労政課（1983）『あすへの対話──労働組合の結成と運営』という、未組織／中小零細企業労働者向け小冊子（B5版・28頁）もとりまとめた。1987年の「労働行政改革提言」には、こうした積み重ねをふまえて上述の「絵」が描かれているのである。

労働組合活動というと経済闘争や政治闘争に重きを置く組織もある。しかるに当時の府職労働支部は、「自分の仕事について考えるというTQC」（橋本氏）である自治研運動を積極的に推進した。当時、石油危機やME化や海外生産の増加により、労働問題は多様化し労働争議も多発していた。これらの課題に対して、いかにして行政主体としての責任を果たすか。「業務に見合った人員を配置すること」（自治労大阪府職員労働組合労働支部調査部 1987: 9）を含めた実効的施策の提案努力には、自分たちの仕事を守る意味もあっただろう。府当局は1976年に業務見直しを理由に労働部の人員削減を提案していたからだ。

こうした自治研運動をベースに橋本氏は、1984～85年ごろ、労政課の上司と「労働行政地域総合システム」の検討を開始した。また労働支部は、実効性の高

い提案をするために、44市町村の労働行政状況調査など多面的な事実分析を行なった（自治労大阪府職員労働組合労働支部 1987: 7）。同時に、労働部当局と共同の「労働行政研究会」を発足させ、労働行政のあるべき方向性を検討していく。さらには労使交渉において、共同研究会での合意事項を尊重するよう要求し続けた（自治労大阪府職員労働組合労働支部調査部 1987: 1-2）。

(2) 府下市町村に対する労働行政参画への呼びかけ

　以上のような実践を積み重ねた結果、「労働行政地域総合システム」は府庁内で納得を得られた。続いての課題は、市町村の説得である。これは難航したという。なぜなら市町村には、本格的な労働関連施策の経験がほとんどなく、そもそも何をすることなのか、どの部署が担当するのかといったイメージがほぼ皆無といってよい状態だったからだ。

　その証拠に、1986年に市町村労働行政担当者会議を招集してみると、参集者の所属は人権課、商工課、観光課、市民課、果ては職員課とさまざまであった。こうした多様性は予想されていたことだが、それを認めつつも、ある程度の統一性を担保するため、労働事務所が「解決型労働相談」のマニュアルを作成し研修を実施する、と説明したのである。

　市町村のコミットメントの度合いはさまざまであった。橋本氏によれば、担当者会議の呼びかけに真っ先に挙手したのは豊中市と岸和田市であり、泉大津市や箕面市も積極的に反応した。ただし、積極的ではない市町村も存在した。もう少し足並みが揃ったほうがよい。そこで、市町村労働行政担当者会議を1年間続けて一応の目途が立った後、橋本氏は、自治労大阪府本部の自治体政策部に相談をもちかけた。当時の部長は、この全国初の取り組みは先進的だと評価し、府本部の1988年度運動目標の1つに入れる（自治労大阪府本部 1987: 69）。また同時に（1987年）、各市町村職員組合の委員長を招集し理解を求めた。

　このように、1986年から1987年にかけて、市町村に「労働行政地域総合システム」への参画を呼びかけるにあたっては、公式的な業務ルートと準公式的な労働組合ルートとが援用された。なお、労働組合ルートとしては、労働組合の後援や協賛を得た市町村議員に、労働行政の拡充を議会で論じてもらい予算をつけて

投稿論文

いく、という方法をとることもあった。以上のようにして「労働行政地域総合システム」は構築されたのである。[3]

6. 歴史的文脈としての1970〜80年代の総評／大阪地評労働運動

　以上3つの節は、大阪府が地域就労支援を体系化できた経緯を、1980〜90年代の具体的なアクター・行為・状況をとおして解明した。では何が、かかる活動の生成に影響したのだろうか。これらをよりマクロな歴史的文脈へ位置づけてみると、三氏の発想・所作やネットワークに作用したものとして、1970〜80年代の総評／大阪地評運動が見えてくる。

(1)「大阪府いのくら共闘」——1つのハブとしての部落解放同盟

　周知のとおり総評は、1969年12月の衆院選で社会党が大敗し、1970年安保で敗北を期すと、平和闘争路線から生活制度要求重視へと転換した。その背景には、過剰な経済成長がもたらした産業と生活の歪みや、成長の果実が行き渡らない層の拡大・固定化があり、これらに対応しなければ、総評は人びとの支持を失いかねないという問題意識があった。

　生活制度要求重視への転換は、多様な思想と立場の人びとを総評運動に参加させた。大阪地評では、1970年10月に「生命とくらしを守る大阪特別委員会」を設置し（1976年12月には「大阪府いのちとくらしを守る共闘会議＝いのくら共闘」へ発展）、公害、高齢者や障害者の福祉、女性や未組織労働者の労働など、多様なテーマをもつ運動体との共闘が始まった（大阪社会運動協会編　1994: 580, 1996: 230）。

　その共闘の、1つのハブとして機能したのが、部落解放同盟であった。「人が『困った』と言うたら、『助けたれ』と…労働運動以外のこともやっていた」が「一人で担うのは荷が重い」大阪地評からすると、「その横に…部落解放同盟という…面倒見のいいやつがおって、『バラバラでやるより、できたら一緒にやらへんか』と［言われた］」（冨田氏）。

　共闘の効果は、「議席を取って、運動団体にバックボーンができる」ことで上

がるため、冨田氏は選挙運動にも注力する。「上田［卓三］さんにしろ谷畑［孝］さんにしろ、マイノリティーの代表だと」訴えて社会的困難者の支持を結集しようとした（冨田氏）。冨田氏はその組織化を、これら解放同盟選出の社会党議員の秘書や選対事務局として担う（表2）。そのとき知己を得たのが障害者団体と中小企業労働者の労働組合だった。図らずも、そこで培われたネットワークが、1990年代以降の「行政の福祉化」推進に生きてきたのだ。

　図らずも、という点では、エル・チャレンジで協働することになる冨田氏と高見氏の出会いもそうである（表2）。高見氏は学生時代、水俣病問題で覚醒され、「社会主義、共産主義、資本主義っていう議論」と合わせて「人権…働き方…技術者としてどうあるべきか」を熱く論じ活動していた。大卒後は中小企業の技術者として10年超働き、1990年代初頭、（株）中企連情報センターで機関誌編集や政策分析に従事する。この仕事に高見氏を誘った学生運動の先輩は冨田氏の知人でもあり、1999年、二人を引き合わせることになった。総評運動が、学生運動も含めた多様なネットワークを有していたことが見て取れよう。

(2) 公害問題・労働問題の深刻化──自治体労政機能についての自問自答

　「労働行政地域総合システム」の発想も、1970年代の総評労働運動のなかで醸成された。当時は公害問題に加え、石油危機による中小零細企業労働者の解雇や労働争議が多発していた。そのころ橋本氏は4つのインパクトを受けた。

　第1に、1973年の合化労連大会での太田委員長挨拶[4]。「化学というもので公害を出すようなことをすればダメや。そういう会社については、内部告発をして闘いをしてやっていこう」という呼びかけは、「自分の仕事について考えるというTQC」に他ならず、「ものすごく評価をしたい」と思った。

　第2に、1975年の労政課異動早々にメーデーの取材に送り出された三越百貨店での、全国一般労働組合と機動隊との衝突。「それはもう、一生懸命メモして」、「『これは一体どういう仕事なんや。警察の仕事なのか、行政の仕事なのか』と…自分なりにものすごく悩んだんです」。その後も、労働組合基礎調査や争議統計のデータ採取に地域労組を訪れるたびに「『組合員数までなんでお前らに言わなアカンねん？』とか…質問が来るんで…確かにそうやなと」思い、労政は何をす

べきかについて「自分なりの位置づけをしていった」。

第3に、東京都労政事務所の実践。府職の先輩に促され、都職労働支部の自治研集会に参加した1975年、当時は美濃部亮吉の革新都政時代で、労政事務所は労働組合の自主的解決や組合結成の援助や啓発に取り組んでいた。「東京［都］はスペシャリスト［養成］なんですね。労政事務所の職員が所長まで上り詰め…当時の所長っていうのは、労使関係の斡旋をしたんです」。こうした実践を知り「同じ行政として目からウロコが落ち」た。

第4に、前述の「いのくら共闘」である。これに対応するため、「1カ月ぐらい前から政策を担当している各部の企画係長が、必死な顔をして…一生懸命やっていました…僕らはそれを見ていますから」、この「オールラウンド交渉」は「いい伝統やと思います」。

以上のインパクトを受けつつ橋本氏は、自治体がいかにして労働者の仕事と生活を守っていくべきかと自問せざるを得なかった。かくして彼が統括した府職労働支部は「解決型労働相談」を練り上げ、「労働行政地域総合システム」の具現化に寄与したのである。

(3) 地域調査──運動に不可欠の手段、そして異質な他者との出合い

大阪府が同和事業としての地域雇用対策を、地域就労支援として一般対策化できたことには、部落解放運動自体による1990年代の新たな方向性の選択が欠かせなかった。その創始は、手間暇を厭わぬ地域調査であった。「社会運動は…調査しないなんて考えられない」。冨田氏のこの発想は、1980年代の経験で培われた。彼は当時、谷畑孝の「大阪最賃共闘」のため（表2）、大阪地評本部に出入りし、産別や地域労組で地道に集めた低賃金労働者のデータを基に地域包括最賃などの議論を「わいわいとやっていました」。社会運動・労働運動にとって独自調査は、地に足のついた施策を提案するために欠かせぬ手段だからである。さらに歴史を遡れば、19～20世紀序盤に急速に進展した欧米の社会労働運動が、集中的な地域のフィールドワークをともなっていたことも想起されよう（cf. Webb 1891）。

思うに、こうした調査活動の神髄は、自己とは異質な他者である対象者を、「一つの対象として分別してわかる savoir のではなくて、相手におのれを分かち与える共生共苦の『わかる』connaître（co-naître ともに生まれる）」（霜山 1989/2013: 4）ことにある。むろん調査者は客観性の保持に努めねばならない。だがそれは、自らの情念（passion）を遮断することでは決してない。中村雄二郎が、人間は「他者からの働きかけによる受動＝受苦［passion］にさらされる」存在であると指摘したように（中村 1992: 65）、冨田氏そして橋本氏にとって、そのフィールドワークにおける発見は、異質な他者との出合いという、情念が揺さぶられる体験であり、それゆえ、既存の制度の射程と限界とが見えたのだと考えられる。

7. 結　論

　2005年ごろに地域就労支援を体系化した大阪府は、なぜそのような独自性を発揮できたのだろうか——その歴史的文脈を解明してきた本論は、まずは、佐口（2006b）が要約的に指摘した要因を、アクター・レベルに降り立って詳解した。知見は次の3点である。

　第1に、大阪府が同和対策としての雇用政策を一般対策のそれへと発展させるにあたって、1990年代前半に、特別対策事業方式の限界を同和行政のみならず解放運動も認識した。後者による、採るべきオルタナティブの模索は、丹念な地域調査から始まり、そこから生み出されたのが「ワークあい」という地域就労支援の原型であった。この過程では、同和事業の供給を当然視しない生活という発想転換を人びとは迫られ、痛みもともなった。

　第2に、「行政の福祉化」は、大阪府の財政再建を契機に1980年代半ばに唱えられ始めた。バブル崩壊後、障害者の解雇・無業問題が深刻化し、福祉団体から解決を迫られた大阪府は、府有施設の管理・清掃を政策的随意契約で委託するという手法を採り、エル・チャレンジの発足となった。エル・チャレンジは障害者の雇用ではなく就労訓練・就労支援を実施するという新しいモデルを提案するのみならず、総合評価一般競争入札制度導入に向けて、ビルメンテナンス業者をは

じめ関係者の合意を取りつけた。入札評価項目の工夫によって就労支援は、障害者のみならず、母子家庭の母親や高齢者などへも対象を拡充した。

　第3に、「労働行政地域総合システム」については、1980年前後から大阪府職労働支部の自治研運動が、自治体労働行政のあるべき姿を追究し、その土台が築かれた。市町村が住民に対して「解決型労働相談」を提供できるよう、府が側面支援体制を確立する――この提案が府庁内で了承された後は、公式的な業務ルートと準公式的な労働組合ルートの併用によって、市町村への参画が呼びかけられ、1989年度の開始となった。

　上記3点の綜合を試みると、佐口（2006b）には言及のない、1970～80年代の総評／大阪地評運動という、よりマクロな歴史的文脈が、三氏の発想・所作やネットワークに作用したものとして見えてきたのであった。3点にまとめよう。第1に、高度成長の歪みに対応すべく生活制度要求重視へと転換した総評は、大阪では「いのくら共闘」を展開し、そこで部落解放同盟は1つのハブとして機能する位置にあった。第2に、公害問題・労働問題の深刻化は、労政職員に労働組合の役割を再考させ、自治体がいかにして労働者の仕事と生活を守っていくかを自問自答させた。第3に、大阪地評は、産別や地域労組で低賃金労働者のデータを地道に収集・分析し、共闘に活かしていた。三氏の後年の発想・所作とネットワークは、確かに主体としての「創始の力」（Arendt 1958＝1994: 287-290）を発揮した結果だが、それがこうした総評／大阪地評運動のなかで培われたことも、また確かなのである。

　ここで本論は改めて、主体と歴史というテーマに向き合う。主体は、歴史によって少なからず規定される存在だが、同時に、「出来事」を生み出しうる可能的な存在でもある。アレントの言葉を借りれば、「出来事」とは、因果法則による説明も予測もつかない、人間の創始の力によって生じるもの（Arendt 1958＝1994: 287-290）であり、「歴史というものは、傾向とか諸勢力とか観念などの物語ではなく、むしろ活動と行為の物語…である」（同書: 301）。それゆえ本論から、「大阪のような歴史がない地域や自治体には、こうした政策形成は難しい」といった見解を導出する必要はない。人間には、創始の力があるのだから、ひとつの小さな「活動と行為の物語」である本論からは、多くの自治体において

形式にとどまりがちな地域就労支援や生活困窮者支援をどうすればよいのか、そのヒントが見出せよう。

　それは、生活者の視点による地域の多様な立場の人びとのネットワーク化と、自らの職務の社会的意義と内容を分析し職務を発展させる自治研運動、である[5]。これらを念頭に、各自治体・地域のなかを見渡すと、こうした活動が脈々と続いていたり、眠ったままのネットワークが存在しているのではなかろうか。もちろん総評労働運動が権威主義や硬直性をともなっていたことは否定できまい。だとしても、就労支援に取り組む自治体・地域が引き継ぎ、創始の力の発揮に繋げることのできる遺産は存在すると考えるのである。

〔注〕
(1)　5類型：「大量引用型」「単一事実追求型」「社会史構成型」「理論構築型」「文脈形成型」。
(2)　自治研運動とは、地方自治研究運動の略であり、質の高い公共サービスの提供を、職場の仲間や市民と共同で実現しようとする、自治体職員による労働運動の一環である。
(3)　「労働行政地域総合システム」による市町村労働窓口の設置は、総評労働運動との関連で見ると、地評・地区労機能の基礎自治体への移行という側面があった、ともいえよう。なぜなら地評・地区労は、官公労の組合員を中心に、地域住民の生活問題・労働問題に対処していたからである。バブル期で府財政に余裕があり、かつ、総評解散の直前であった——民間大企業労組が中心である連合の誕生によって、地評・地区労機能の低下は免れ得なかったのだ——同システムの1989年度実施というタイミングは、奇跡的ですらある。
(4)　「太田は開会冒頭のあいさつで『われわれは今まで公害追放を方針としてかかげながら自分たちの労働条件や雇用に関係してくることをおそれて十分な取組みができなかった…われわれとしては防除施設を完備せずに公害をたれ流すような企業は告発していく勇気を持たなければならない』と、力強く呼びかけた」（水野 2002: 208）。
(5)　第1節で言及した加藤（2011）を再び引用するならば、生活者の視点による地域の多様な立場の人びとのネットワーク化とは、「政策とは、制度の運用だけではなく、課題解決のための地域のさまざまな主体との連携のデザインであり、その実践である」（加藤 2011: 173）という意識に基づく実践に他ならない。また、自らの職務の社会的意義と内容を分析し職務を発展させる自治研運動は、自治体職員が既存の「制度の執行者として行動するだけで、その制度が何ゆえに生まれ、どんな限界を背負っており、今まさに、その限界のために、どういう社会的課題が生まれ、市民による取り組みが行われているか、について無関心であることが多い」（加藤 2011: 171）という課題を克服しうるものである。

投稿論文

〔参考文献〕

Arendt, Hannah, 1958 *The Human Condition*, 清水速雄訳1994『人間の条件』筑摩書房。
部落解放同盟西成支部1998『変身、5年の軌跡―西成の部落解放運動』。
自治労大阪府本部1987『運動方針案：自治労大阪府本部定期大会（第30回）』。
自治労大阪府職員労働組合労働支部1985『新時代に対応できる労働行政をもとめて』。
自治労大阪府職員労働組合労働支部1987『労働行政をすべての労働者の手に』。
自治労大阪府職員労働組合労働支部調査部1987『'87支部要求：交渉経過と到達点』。
加藤哲夫2011『市民のマネジメント―市民の仕事術Ⅱ』メディアデザイン。
櫛部武俊・沼尾波子・金井利之・上林陽治・正木浩司2014『釧路市の生活保護行政と福祉職・櫛部武俊』公人社。
釧路市福祉部生活福祉事務所編集委員会編2009『希望をもって生きる：生活保護の常識を覆す釧路チャレンジ』筒井書房。
御厨貴2002『オーラル・ヒストリー 現代史のための口述記録』中央公論新社（2011年に補章を加筆）。
水野秋2002『太田薫とその時代：「総評」労働運動の栄光と廃退（下）』同盟出版サービス。
中村雄二郎1992『臨床の知とは何か』岩波書店。
奥田均2005「『まち』が『仕事』で動き出す―地域就労支援事業の論理」社団法人おおさか人材雇用開発人権センター編2005『おおさか仕事探し―地域就労支援事業』解放出版社、38-61頁。
大阪知的障害者雇用促進建物サービス事業協同組合編著2005『エル・チャレンジ―入札制度にいどんだ障害者雇用』解放出版社。
大阪府地方自治研究会1987『行政改革論』（自治論集2）。
大阪府労働部労政課1983『あすへの対話―労働組合の結成と運営』。
大阪社会運動協会編1994『大阪社会運動労働史』第五巻（高度成長期・下）有斐閣。
大阪社会運動協会編1996『大阪社会運動労働史』第六巻（低成長期・上）有斐閣。
大谷強・澤井勝編2008『自治体雇用・就労施策の新展開―地域で働く場の確保と自治体の役割』公人社。
大阪市政調査会編2014『自治体セーフティネット―地域と自治体ができること』公人社。
佐口和郎2006a「序章」田端博邦編著2006『地域雇用政策と福祉：公共政策と市場の交錯』東京大学社会科学研究所。
佐口和郎2006b「大阪府における地域雇用政策の生成―就労支援策への収斂」田端博邦編著、同上書。
櫻井純理2014「誰もが働ける社会／生きていける社会を築く」筒井美紀・櫻井純理・本田由紀編著2014『就労支援を問い直す―自治体と地域の取り組み』勁草書房、195-210頁。
社団法人おおさか人材雇用開発人権センター編2005『おおさか仕事探し―地域就労支援事業』解放出版社。
霜山徳爾1989/2013『素足の心理療法』みすず書房。
田端博邦編著2006『地域雇用政策と福祉：公共政策と市場の交錯』東京大学社会科学研究所。

Thompson, Paul 2000 *The Voice of The Past: Oral History,* Third Edition ＝酒井順子訳2002『記憶から歴史へ：オーラル・ヒストリーの世界』青木書店。
冨田一幸2005「大阪で始まった地域就労支援事業―地域就労支援事業を生み、育む力」社団法人おおさか人材雇用開発人権センター編、前掲書、62-80頁。
筒井美紀・櫻井純理・本田由紀編著2014『就労支援を問い直す―自治体と地域の取り組み』勁草書房。
Webb, Beatrice 1926/1950 *My Apprenticeship*, Longmans, Green.
Webb, Beatrice（Potter）1891/1899 *The Co-operative Movement in Great Britain*, G. Allen.

※本論は、平成26～28年度日本学術振興会科学研究費補助金研究（基盤研究(C)）「就労支援者の生きられた労働と変革的組織化に関する教育・労働社会学的研究」（研究代表者：筒井美紀，課題番号：26381151）の研究成果の一部である。

投稿論文

上海の大衆寿司店におけるローカル化と「寿司職人」の成立及びその役割

王　昊凡
(名古屋大学大学院生)

はじめに

　寿司は日本を代表する食文化の一つとして世界各地で消費されるようになった。日本の寿司同業組合が立ち上げた「国際すし知識認証協会」によれば、国外には推計5万軒の寿司店があるという。2016年4月29日現在グルメサイト「Yelp」を参照するとロサンゼルスに933軒、パリに511軒、ロンドンに289軒、「大衆点評」を参照すると上海に314軒、香港に351軒と、寿司店が世界中に広まったことがわかる。

　これは食のグローバル化、すなわち食文化が国境を超えて消費されるという現象の一つであり、「衣食住という人間の最も基本的な生活のあり方から音楽やメディア」を含め世界中の人々が「きわめて近似した生活スタイル」(伊豫谷2002: 89)になっていくのかどうかを研究する文化のグローバル化の文脈で論じられてきた。しかし、これまでの研究で見逃されてきた側面がある。食のグローバル化は、それを担う産業が成立し、その産業で働く人々が登場することで初めて現象としてたちあらわれてくる。では、そのような産業はどのような形で成立し、そこで働く人々はどのような労働をしているのだろうか？　本論は日本国外における寿司店の事例研究を通して、食のグローバル化について産業と労働の視点からアプローチする。

　日本国外の寿司に関する先行研究は少なく、論点も限られている。調査地としてロサンゼルスやパリなどが取り上げられてきたが、上海はこれまで研究対象とされておらず、本論が初めての試みとなる。石毛・小山(1985)はロサンゼルスにおける日本料理店や寿司店において、消費者がなぜ日本料理や寿司を食べるか

についてインタビューやアンケートをもとに明らかにしようとしたが、その分析は不十分であった。石毛・小山は日本人料理人が担う高級な寿司店と、日本人が関わらない大衆的な寿司店があるとし、前者を研究対象としている。呉・合田（2001）はシンガポールを調査地とし、寿司が日本国内とは異なる形で提供されるようになったことを指摘する。シンガポールにおいても日本人料理人が日本人に寿司を提供する高級な寿司店と、現地出身の料理人が現地の消費者に寿司を提供する大衆的な寿司店があり、とくに後者では現地で新たな商品としての寿司が考案されていると報告するものの、それがいかにして可能になったか明らかとなっていない。フランス文学者の福田育弘はパリの寿司店において商品そのものや、コース料理に組み込まれるなど消費の仕方の変化を指摘する（福田 2011）。その論考では、とくに大衆的な寿司店において、消費の仕方の変化を主導したのは現地の中国人移民の料理人であったという興味深い指摘がなされている（福田 2011: 46）が、それがいかにして可能となったかについては論じていない。これらの研究では、どのような商品があるかの報告が行われているものの、その商品がいかにして生産されたかについて十分な議論を行っていない。

　こうした研究とは別に、寿司が生で魚介類を提供することに注目し、生食向け魚介の流通のグローバル化を論じた研究もある。寿司は多種の魚介を生で食べるため、食材の流通や保存において細心の注意が払われねばならない。生食向け魚介の流通の一大拠点である築地について文化人類学的な研究を行ったT.ベスターは、その流通網が日本国内に限らず、国外に広がっていったこと、築地市場がその「司令塔」となっていることを、マグロを事例に論じた（Bestor 2000, 2001）。「孤立した島国の難解な料理が一世代で世界的に流行すること」は流通を含め「新しい種類の漁業ビジネスをつくり、またそれによって進行する」のである（Bestor 2000: 91）。その背景には、寿司が広まる以前では、日本以外では生食向け魚介の流通が存在しなかったことがあげられよう。Pauly（2009）も、世界中で寿司が消費されるようになったことから、漁業や魚介の流通に変化があったと指摘する。しかし両者とも、このような生食向け魚介を寿司店がどのように仕入れ、どのように保存・調理するかについて、分析を行うまでにはいたらない。

　マクドナルド化論を提唱したG.リッツァは、寿司はマクドナルドとは異なる

グローバル化のパターンであるとし、注目している。彼は「世界中で展開するような「マック寿司」など存在しません。それぞれの寿司レストランを開いているのは個人事業者であり、その経営方法もそれぞれ独自」(リッツァ 2003: 74-75)であると述べている。しかし、日本国外で寿司店はどのように成立しえたのか、リッツァも含めて実証的に論じたわけではなく、そこで働く人々についても十分な分析が行われていない。本論ではリッツァの指摘を踏まえつつ、とくに相対的に安い価格帯の寿司店（大衆寿司店と呼ぶ）を研究対象とし、産業と労働の観点[1]から寿司のグローバル化という現象がいかにして成立したかを理解する。そのなかで、日本を起源とする職人的技能（後に詳述する）が国外に伝承されていることを指摘する。

産業と労働の観点から寿司のグローバル化を研究する際、二つのことを議論の出発点として述べる。第一に、ある食べものを提供する飲食店を、その食べものがなかった地域で運営することは、決して容易なことではない。次節にて詳述するが、安定して運営しつつ利益を出そうとすると、さまざまな課題に直面することになる。ゆえにこれらの飲食店では、その地域の状況に合わせて運営する仕組みを再構成しなければならない。現地に合わせて運営する仕組みを再構成することを本論ではローカル化と呼ぶ。

第二に、日本国内では、製造業では伝統産業を除いて「終焉を迎えた」(尾高 1993: 286)とされる職人的技能が、寿司店を含めた飲食業の一部で伝承・活用されているという点である。職人的技能を持った料理人は単に調理をするだけでなく、店舗を運営する主体であった。マクドナルドなどを筆頭に、一部の飲食業において「経営近代化」と呼ばれる脱技能化とチェーン組織化による経営の大規模化が進む場合もあった。その一方で、職人的技能が維持されている飲食業もあった。

本論では中国上海の大衆寿司店を事例にし、そのローカル化のあり様と、それに料理人がどのように関わるかについてフィールドワークをもとに論じていく。本論の構成は次のとおりである。次節ではローカル化について、大きく分けて商品と調理プロセスという二つの側面があることを述べる。第3節では日本国内の寿司業の職人的技能について先行研究をもとに整理する。それらを踏まえリサ

ーチクエスチョンを設定し、三つの寿司店を例にケーススタディを行う。

1．飲食業のグローバル化と現地での店舗運営——商品と調理プロセスのローカル化

　これまで社会科学において、食のグローバル化を担う飲食業を扱った研究は極めて少ない。経営学の川端基夫（2016）による日本の飲食業の海外進出事例を分析した研究など、限られたものとなっている。文化的側面だけでなく産業と労働の視点から日本国外の寿司業の発展を考えるならば、ローカル化について以下二つの視点が浮上する。

　第一に、メニューや味付けなど、提供する商品のローカル化という側面があげられる。世界各地の消費者は嗜好が均一ではない以上、食べものの起源である地域の味付けや盛り付け、メニューの種類をそのまま用いると消費者に敬遠される可能性がある。一方で、食べものの起源である地域と同様の調理をすることが消費者に好まれる場合もある。どちらにせよ、立地する地域の消費者の嗜好に合った商品を提供しなければならない。川端は日本の飲食業の海外進出事例を分析した結果、飲食業では提供する商品を変更するコストが低く、試行錯誤を繰り返すことでその時々の消費者の嗜好にあった商品を提供することができるようになるため、「基本的にはすべて企業側の対応によって解決が可能」（川端 2016: 114）だと言う。商品のローカル化の著名な例として日本マクドナルド独自のメニューである「月見バーガー」をあげることができよう。また、吉野家は海外進出にあたって「吉野家のアイデンティティ」であることを理由に、味付けを一切変えないという戦略をとっている（川端 2016: 107-109）。

　第二に、食材を仕入れ、料理人を確保し、その料理人が何らかの形で食材を調理して消費者に提供できる仕組みを整えなければならない。この一連の仕組みを調理プロセスと呼ぶこととする。川端は日本企業が国外で飲食店を開業するさい、「優位性の一つに、優れた衛生管理と高度な接客サービスがある」ものの、それが進出先でも「実現できるかどうかは、人材育成システムの良し悪しと表裏一体を成している」（川端 2016: 122）。また、「現地で流通する業務用食材の質や形状」がその食文化が前提とするものと「大きく異なる」ことがある。品質維持も

難しく、時には「腐敗品」が流通していることもあるために、飲食店側が「食材加工業者や卸業者、配送業者を……育成」しなければならない場合さえある（川端 2016: 163-165）。つまり、調理プロセスのローカル化は商品のローカル化よりも困難であるというのだ。もし調理プロセスのローカル化がうまくいかなかった場合、川端がいうように利益が出なくなってしまうだけではなく、食中毒事故を引き起こしてしまう可能性もある。

2．日本国内の寿司業における職人的技能

　尾高によれば、職人的技能は「腕の良さ」としての技能だけでなく知識と判断力を含むものである（尾高 1993: 17）。そのため職務の全過程に関わり、職務上の不確実さに対して身につけた技能・知識・判断力をもって自律的に対処することができる。また、職人的技能を持つ個人の個性が成果に反映されることとなる。職務の「成果は一つのまとまりある『仕事』として容易に識別され、したがって……他人の仕事と区別でき」、ゆえに「生産物の出来栄えやサービスの成果によって……社会的評価がきまる」（尾高 1993: 18）。

　飲食業において職人的技能が伝承・活用されている場合、「献立作成権や調理場の人事権が調理場にあるため、『調理技術・技能』が『経営』に優越し勝ちに」なる（岩渕 1996: 28）。この状況は「旧態依然とした業界構造」（出口 2007: 188）とされ、時代遅れとみなされてきた。より近代的な飲食業は、店舗での職人的技能を伴う調理過程を極力なくして標準化・マニュアル化を進め、「調理師、コックを技能労働者から単純労働者へと変化させること」で画一化された商品の提供と、「経営」の「調理」に対する優越を可能にする（原・稲垣 1990: 115）。そうして初めて、マクドナルドや吉野家のようにチェーン組織化による経営の大規模化が可能となるのだ。

　このことは飲食業の「経営近代化」と呼ばれるが、すべての飲食店が「近代化」されてしまったわけではない（岩渕 1996、大谷 1998、王 2015）。しかし産業としての飲食業を研究するフードビジネス論などにおいて、職人的技能の現代的意義が論じられることはほとんどなく、グローバル化と結びつけて検討され

ることもなかった。一般的には、マクドナルドをはじめとする「経営近代化」が進んだ飲食業がグローバル化していくものだとみなされているのである（例えばRitzer 2004）。もし、飲食業のグローバル化が職人的技能と深く関連するならば、産業のグローバル化に関する議論をするうえで新しい知見となる。

続いて、日本国内の寿司職人について述べる。先行研究では、徒弟制によって職人的技能が伝承されてきたことが指摘されている（西村 1994: 107）。現代においては「経営近代化」を徹底的に推し進めた「スシロー」などの非対面式回転寿司店が増加する一方で、伝統的な寿司店では価格帯を問わず、職人的技能は競争力の源泉として活用されている（王 2015）。こうした伝統的な寿司店において、職人的技能は調理の場面のみならず、食材の仕入れと品質管理、メニューの選定や接客においても必要不可欠であることは強調しておく必要があるだろう（王 2015、佳藤木 1980）。

魚介類の仕入れを行うのは寿司職人自身であり、彼らが仕入れるに値する品質であるかを判断する。これは「目利き」と呼ばれる。そうして仕入れた魚介類を、職人たちは身につけた調理技能を用いて調理する。これには種類ごとや大きさごとに適したさばきかたをすること、魚介の特徴——大きさや脂ののり、季節や産地など——を踏まえて昆布〆にしたり煮たりすること、魚介の種類ごとに鮮度を維持できるように保存することなどが含まれる（王 2015、佳藤木 1980）。寿司店では多種多様な魚介を用いるため、職人は多種類の魚介について知識・技能を身につけることとなる。加えて、寿司店ではカウンターを介した対面接客が行われるため、「調理とコミュニケーションを統合させた上で、多様な調理の技能を柔軟に組み合わせて飲食客を満足させる能力」が「売り上げにつながる技能」として評価される（王 2015: 19）。そのような職人的技能の伝承は寿司店内で行われる。同一店舗内部で完遂するものとは限らず、「わたり職人」のように複数の寿司店で働くことで多様な技能を身につけることも多い（西村 1994、王 2015: 19-20）。

3. 方法とリサーチクエスチョン

　本論では、中国上海にある大衆寿司店をとりあげる。2015年現在、グルメサイト「大衆点評」[2]によると上海にある314の寿司店のうち、回転寿司チェーンではないものは259軒ある。筆者による電話調査の結果、そのうち日本人寿司職人が料理長を務める店が27軒あった。ゆえに上海には大衆寿司店が232軒あることがわかる。これは、寿司店数全体の約75%を占める。

　上海における日本料理店や寿司店の開業は改革開放以降であった[3]。上海で最初に開業した日本料理店は1989年であり、日本企業が投資したホテルの中の高級店であった。90年代中盤になると、相対的に安価な「食べ放題・飲み放題」の日本料理店（日本の居酒屋のような料理が提供されている）が流行する。ホテル内の日本料理店は上海に進出した日本企業が接待などで用いるものだったが、「食べ放題・飲み放題」の日本料理店は日本人駐在員や勃興しつつあった中国人都市中間層を客としていた。

　最初の高級寿司店が登場したのは2004年であり、大衆寿司店は2008年ごろである。前者は日本料理店を営んでいた日本人が開業したものであり、後者は日本料理店で働いていた中国人が開業したものであった。言い換えれば、2004年以前には存在さえしなかった高級寿司店と大衆寿司店は、この10年ほどで急増したのである。上海を調査地とする利点は、寿司店が急増した点にある。まさしく現時点で寿司店の運営をめぐるさまざまな課題が噴出しており、それへの対応が行われている状況を同時代的に観察することができるのだ[4]。

　なお、上海には中華料理店が多くある。料理人が生食向け魚介の仕入れを行ったり、カウンターを介して消費者と対面するという性質は、一般的な中華料理店ではみられない。また、中華料理では調理技能を政府が認定していること（朱 2014: 103）、調理師学校において教員と学生の間で徒弟制の師弟関係が結ばれること、そのさいの儀式として「拝師」が行われているという特徴がある（高・李 2011）[5]。

　筆者は2015年の8月から9月にかけて、市街地である黄浦区・静安区・徐匯区・長寧区にある大衆寿司店を対象にヒアリング調査および観察調査を行った[6]。

上海の大衆寿司店におけるローカル化と「寿司職人」の成立及びその役割

このエリアには高級寿司店が24軒、回転寿司チェーン店が32軒、大衆寿司店が71軒ある。筆者は大衆寿司店のうち53軒を訪問し、そのうち24軒で調査協力を得ることができた。すべての店で料理長へのヒアリングと、21軒にて料理人、オーナーシェフでない店のうち8軒にて出資者へのヒアリング（簡単なものも含む）を行った。そのリストは以下のとおりである。本論では立地、価格帯や出資形態、料理長の職業経験を考慮し、三つの店をとりあげる。(7)

これまで論じてきたことを踏まえ、四つのリサーチクエスチョンを設ける。ま

表1 調査協力を得た大衆寿司店のリスト

店舗の情報			料理長の出身(省・戸籍)と料理長就任時の職業経験(年)		
店名(仮名)	系列店の数	客単価(元)	出身・戸籍(8)	日本料理店	寿司店
寿司1	1	10〜49	安徽・農村	10	0
寿司2	1	10〜49	安徽・農村	2	4
寿司3	1	10〜49	安徽・農村	7	0
寿司4	1	10〜49	安徽・農村	7	0
寿司A	1	10〜49	安徽・農村	20	0
B寿司	29	10〜49	安徽・農村	5	3
寿司5	1	10〜49	浙江・農村	6	1
寿司6	12	10〜49	四川・農村	5	2
寿司7	1	50〜99	安徽・農村	8	4
寿司8	1	50〜99	湖南・農村	9	0
寿司9	1	50〜99	福建・農村	7	0
寿司10	4	50〜99	安徽・農村	5	0
寿司11	1	50〜99	安徽・農村	6	3
寿司12	3	50〜99	湖北・農村	10	2
寿司13	1	50〜99	安徽・農村	7	2
寿司14	2	50〜99	安徽・農村	15	0
寿司15	9	50〜99	安徽・農村	12	0
寿司16	1	100〜199	四川・農村	10	0
寿司17	1	100〜199	安徽・農村	10	0
寿司18	2	100〜199	安徽・農村	4	3
C・SUSHI	2	100〜199	安徽・農村	3	4
寿司19	2	100〜199	安徽・農村	4	3
寿司20	1	100〜199	湖北・農村	11	1
寿司21	1	100〜199	安徽・農村	6	0

ず調理プロセスのローカル化について、第一に、どのような主体がどのように生食向け魚介の品質を保証しているか。また、調理に従事する中国人は必ずしも生食向け魚介に関する知識を身につけているわけではない。第二に、商品はどのような人々によって調理され、職人的技能が用いられているのだろうか。次に、商品のローカル化について第三のリサーチクエスチョンでは、どのような商品が提供されており、どのような主体がどのように定めたり開発しているのかを問う。とくに上海は中国全土からの移住者が増加しており、消費者は食に関して多様な嗜好を持つ。また、日本へ留学した経験や何度も旅行で滞在したことのある消費者もいれば、生で魚介類を食べた経験がない消費者がいることも想定されよう。最後に、上海において中国人料理人が日本発祥の職人的技能を身につけるのだろうか。もしそのような現象が見られるとすれば、中国人料理人はどのようにして、またどのような動機にもとづいて職人的技能を習得したのだろうか——これが第四のリサーチクエスチョンである。

4．ケーススタディ

（1）日本料理店の修行経験を活かす——寿司Aの事例

　寿司Aは上海を代表する下町で2010年に創業し、1930年代の租界時代に建てられたと言われる建物の一階を占める路面店である。周囲は住宅街ではあるが観光スポットや骨董品街が所在し、近年では日本のアニメやゲームに関するグッズを売る露店が立ち並び、「サブカルチャーのまち」ともなっている。店内は細長く、カウンターに10席、テーブルに30席程度が設けられている。少し薄暗いが浮世絵や日本の山の写真が飾ってあり、近所のアニメグッズ店の店主からもらったという日本のアニメ・キャラクターのぬいぐるみが置いてあるテーブルもある。

　寿司Aを開業したのは安さん（仮名）、安徽省出身の男性で、調査時は43歳であった。調理師学校や中華料理店に在籍したことはなく、関連する資格ももっていない。筆者が調査を行った店では料理長の平均年齢は34歳であり、彼はなかでも年長と言えよう。貧しい農村出身で、中学を卒業すると村の仲間たちとともに都市部へ出稼ぎに出た。建設現場で働いていたが体が弱く病気がちだったらし

く、体調を崩して仕事をやめてしまった。そのとき、元同僚から「日本料理店で募集をしている」という情報を得て、建設現場での仕事よりは楽だろうと思い応募してみたところ、合格した。当然ながら安さんは、寿司はおろか日本料理を食べたことがなかった。

　働き始めてから、安さんは自らが「徒弟として採用された」と知った。キッチンで働くように命じられ、最初にじゃがいもを剥くように指示されたことを今でも忘れないという。長時間の立ち仕事ではあったものの建設現場に比べると安全で衛生的な職場であったことから、ここで働き続けようと考えた。やがて日本人料理長から調理の技能を学ぶようになり、1年後には煮方を任されるようになる。安さんはこの店で4年働き、煮方と揚場、そして刺場をほぼ1年ずつ経験する。当時、その日本料理店の刺身はすべて冷凍で、マグロやイカなど非常に限られた種類しかなかった。生で食べるために食感や旨味を減らさず、生臭さを抑え、なおかつ消費期限を長くするための解凍方法、さらに切り方や盛り付け方などを学んだ。解凍に失敗し、その切り身をまかないとして食べたときの「不味さ」に驚いたことも勉強になったという。

　その後、安さんは11年の間に五つの日本料理店での勤務を経験する。転職の契機は閉店や料理人どうしの不仲によるもの、副料理長などのより高い職位やより高い給与を得るためのものもあった。転職情報は料理人どうしの間で共有されており、安さんも元同僚から「一緒にやらないか」と誘われることがあったという。この五つの店には、日本人が料理長を務める店もあれば中国人が料理長を務める店もあった。その過程で二つの重要な変化があったと彼は認識している。一つは、利用可能な生食向け魚介の種類が増えたことで、2003年ごろにノルウェー産サーモンが中国で使われ始め、2008年ごろに中国産鮮魚が利用されるようになった。もう一つは、2008年ごろになると中国人も日本料理店で食事をとりはじめたことだ。

　このような状況のなかで、安さんは結婚を機に自らの店を持とうと計画する。それまでの貯金に親戚からの借金を加え原資とし、小さな寿司店のオーナーシェフとなった。調査対象となった寿司店のうち、料理人の自己資本によるものは二件しかなく、少数派である。彼にとって自らの店を持つことは、都市で「自分た

ち家族の居場所をつくる」ことを意味するという。少人数で運営する小さな店であるため、メニュー数が少なくて済み、オープンキッチン形式の小さな厨房で省スペースな寿司店を開くこととした。立地地点を鑑み、価格帯を安めの「40元くらい」として「日本に興味を持つ大学生や、若いホワイトカラー」を顧客として狙った。

　寿司Aでは中国産活魚のタイとヒラメ、海外産鮮魚のサーモン、中国産冷凍魚介のホタテ・イカ・エビ、海外産冷凍魚介のホッキガイ・マグロ・アマエビの合計9種類を生食向けで用いている。これらの魚介はすべて料理長である安さんが上海最大の銅川路水産市場にて、知人の店で購入する。市場の店主らとは日本料理店時代からの付き合いがあり、「それなりの品質の商品を陳列すること」に対して信用しているという。しかし、完全に信用しているわけではない。仕入れる魚介はすべて安さんが鮮度や寄生虫の有無をチェックしてから支払いをする。店に持ち帰ってから品質上の問題を発見したときには抗議をする。もし食中毒事件が起きてもこれらの仕入先が責任を持つわけではないので、料理長がチェックをするのは当然だと彼は主張する。

　寿司Aのメニューはすべて料理長である安さんが定めたものである。握り寿司が10種程度でありロール寿司が多く、それ以外はいなり寿司、刺身、サイドメニューがある。ロール寿司にはカリフォルニアロールやモトローラロールなど多種多様なものがあり、全商品を合わせると83品目の構成だ。モトローラロールは中国発祥のロール寿司だと言われており、マグロ赤身・カニカマ・アボカドなどを巻いたものであるが、食材や味付けは店によって異なる。モトローラという携帯電話会社の名が用いられているのは、モトローラの中国支社の社員が考案したとも、中国支社の社長が好物だったからとも言われているが、定かではない。

　それらをつくる技能はすべて日本料理店で働いていたときに学んだものである。レシピはそれまで働いていた店のものを改良したり組み合わせたりしている。例えば、寿司Aではロール寿司とそれ以外で異なるシャリを用いている。水加減や調味料の配分を変えることで、握り寿司などで用いるシャリは米の弾力を重視したもの、ロール寿司用のシャリでは粘り気を重視したものにしている。前者は日本人料理長から、後者は別の店の中国人料理長から学んだレシピだった。

上海の大衆寿司店におけるローカル化と「寿司職人」の成立及びその役割

　メニューは安さんが決めるが、消費者からメニューに載っていない作り方をするよう、求められることもある。例えば「白い恋人ロール」という商品はカニカマ・きゅうり・天カスを巻いたものであるが、これにサーモンとトビコを入れて欲しいという要求や、四川出身の消費者から「もっと辛くしてほしい」という要求もある。安さんはこのような求めに対して積極的に対応する。その消費者の嗜好に合わせるというだけでなく、より人気の商品を開発する契機となるからである。

　どの寿司店も同じような魚介しか使えないから、オリジナリティを出すことに苦心している。……お客さんからアイデアを得てメニューの数をさらに増やすことができるのだ。

　このように消費者と直接やりとりできるのは、寿司Aでオープンキッチンと寿司カウンターを採用しているからだ。筆者が行った調査ではすべての寿司店でオープンキッチンと寿司カウンターが採用されていた。会話の内容はメニューに関する話題のほかに、魚介の品質や寿司の歴史などがある。魚介の品質については、「このサーモンは新鮮か？などだけでなく、どのように保存しているのか？と聞かれる」という。料理長は、安全な食べものを得ることが難しい中国において、このような質問に対する応答責任があると感じており、納得してもらえるよう答えようとする。
　寿司Aの店内メニューには、次のような文言が掲載されている。

　寿司は日本の食べものではあるが、もともとは中国発祥である。その初出は紀元前3世紀から4世紀にかけて……次第に中国では米を用いて発酵する食品はなくなり、寿司は中国料理から消えた。……宋の時代、中国では戦乱が頻発し、寿司は避難するさいの緊急食品として最適だった。野菜や魚、肉や貝でつくられたものもあった。……日本では米と水産物などを小さな箱のなかに並べて発酵させた。これが江戸時代に日本全土で広く食べられるものとなった。

この文言は安さんが「趣味だ」という歴史の本を読むなかで学び、独自の考えとして示したものである。このなかには必ずしも正しいとは言えない内容——例えば江戸前寿司が日本全国へと広まったのは江戸時代ではなく、第二次世界大戦後である（日比野 1999: 157）——も含まれる。料理長によれば、その記述に触れる形でサーモンについて質問をする消費者が多い。

日本人はサーモンを食べないのではないか？ こんなにサーモンが好きなのは中国人だけじゃないか？と聞く人はとても多い。インターネット上でも議論になっているから、気になるのだろうね。

安さんはかつて同じ疑問をもち、当時働いていた店の日本人料理長に聞いたことがあると言う。そのことに触れながら、「日本と異なり、ノルウェーの冷たい海には寄生虫がいないから生で食べられる。日本人もノルウェーのサーモンが大好きなのだ」などと答える。

寿司Aは料理長のほかに2名の料理人が働いている。いずれも料理長が故郷の村から連れてきた親戚で、3年働いている者と調査時で働き始めて半年という者であった。3年働いている李さん（仮名）の場合、高校卒業後に安さんを頼って上海に移住し、週5日間店で働いている。李さんも安さんと同様、働き始めるまで寿司を食べたことがなかった。寿司Aで海産物に初めて触れたという李さんは、寿司店で働くことを「自分の店を持つチャンス」と捉えている。日本料理の味付けや和包丁の使い方を覚え、彼は野菜の下処理や掃除などをしつつ、料理長安さんから魚介のさばき方やシャリのつくり方などを教わっている。料理長の安さんにとって、彼を教育することは「二号店をつくる」という拡大方針と結びつく。一方でその下で働く李さんは「機会があれば違う店で、できれば日本人から寿司を学びたい」という意欲があるが、まだ誰にも言っていないのだと打ち明けてくれた。

（2） 支店であることと個性的であることの両立——B寿司の事例

B寿司は上海随一の繁華街にあり、上海市内で30軒近くの寿司店を管轄する

企業であるB有限公司が開業した店である。B有限公司は2009年に開業した寿司店を発祥とし、ここ数年で急速に店舗数を伸ばしてきた。上海には寿司店を10店舗以上管轄する企業が三つあり、B有限公司はそのなかでも最も大きく、上海で最も古い大衆寿司店だと自称する。B寿司は繁華街の中心部から少し離れたショッピングモールの一階部分にある。カウンターは6席と小さいが、テーブル席が60程度となっている。店内は白を基調とし、ガラス張りで建物外からも中の様子を見ることができる。

　B寿司は2013年に所在するモールの創業とともに開業し、馬さん（仮名）が料理長を務めている。馬さんは安徽省の農村出身、30歳前半の男性である。彼は出稼ぎで上海に移り住み、中華料理店のウェイターをしていた。ところがその店の料理人が足りなくなってしまい、厨房で働くことになる。1年間、料理人として中華料理店で働いた後、求人広告を見て応募し、日本料理店に移った。2003年ごろのことであった。そのことについて彼は「日本料理は清潔感があり、中華料理は油で汚れてしまう」ことに加え「当時、中華料理は競争が激しく自分の店を持つのが難しく感じた」ことなど多様な理由をあげる。

　日本料理店では調理道具や味付けが中華料理とは全く異なるため、最も基礎的なことから教わったという。この店には日本人料理長がいたが、彼は主に先輩の中国人料理人から包丁の使い方や出汁のとり方、天ぷらの揚げ方、みりんや料理酒の使い方などを習得した。技能の習得は働きながら行われていたが、彼が日本料理店で最も驚いたこととして「トイレ掃除をすること」をあげている。中華料理店では掃除を行うスタッフがおり、料理人が直接トイレ掃除に関わることはなかった。そんな彼に対して先輩は「生魚を出すような日本料理店では、料理人が店全体の衛生管理の責任を負うのだ」と説明したのだという。魚介の下準備も、中華料理とは異なっていた。刺身や寿司に用いる魚介は「切ったらそのまま客に届く」ため、まな板の衛生管理や切り方による食感の違いなど、気をつけることが多い。一方で「魚の繊維は肉よりわかりやすい」ため、包丁さばきは難しいものではないと言う。

　馬さんはこの店で3年働いた後、5年間で3軒の日本料理店と2軒の寿司店を渡り歩くことになる。彼によれば料理人は転職が頻繁であり、合わないと感じた店

はすぐに辞めてしまう。転職は求人広告を介したものと元同僚などの紹介がある。最終的に彼はB有限公司が開業した他の寿司店に就業し、その1年後に新規開店するB寿司の料理長に就任した。店のコンセプトは本社が定めており、この店では近辺で働く若いホワイトカラーのランチタイムと買い物客を狙い、客単価を45元ほどと見込むものとなった。

B寿司は中国産鮮魚のタイ、海外産鮮魚のサーモン、中国産冷凍魚介のホタテ・イカ・エビ、海外産冷凍魚介のホッキガイ・マグロ・アマエビの合計8種類を生食向けで用いている。これらの魚介はすべて取引先が店まで搬入することになっている。取引先には本社が指定したものもあれば、馬さんが決めたものもある。彼はいずれの取引先が搬入する食材に不信感をもっている。

それまで生食向け魚介を扱ったこともないような企業が、儲かるからといって参入することさえある。そういったところはノウハウを持たないので、生では食べられない魚を売ろうとすることさえある。彼らには知識がない。これは仕方ないことだ。食中毒を防ぐには、私たち料理人がチェックしないといけないんだ。……そういった企業も最近は競争が激しくなって、品質が安定するようになってきた。

B寿司では消費者が「この魚は新鮮なのか？」と聞くことがあり、馬さんは返答として「どんなサーモンであれば新鮮なのか、見分けるポイント」を教えている。自らが修業を経ており、専門的な知識を持っていることを強調することでより信頼を得られると考えているようだ。

これらの生食向け魚介を含む食材を用いて、B寿司では約50種の商品を提供する。握り寿司が10種程度のほかロール寿司が多く、それ以外はいなり寿司、刺身、サイドメニューである。これらは「基本メニュー」であり、本社が決めたものである。それに加え、馬さんは「独自メニュー」として10種ほどの商品を提供している。これは他の支店にはない、B寿司独自の商品である。なぜ「独自メニュー」を開発するか、筆者が尋ねたところ、馬さんは次のように述べた。

寿司店が増えたから、魚の鮮度だけでは競争に勝てなくなっている。どの寿司店もオリジナリティを出さなければならない。（筆者「それに対して本社は反対してませんか？」）なぜ反対する？　儲けを増やすんだから賛成するに決まってるだろ。

「独自メニュー」はすべてロール寿司である。握り寿司などと異なり、既存の食材を用いて新しい組み合わせを考案する余地があるためだ。馬さんは映画を見ることが趣味であり、気に入った映画をイメージした商品をつくることもある。また、試作品を消費者に食べてもらい、感想を得ることが多い。消費者は「知識を持っている」と考え、その感想を参考にして商品を改良したり商品名を決めることもある。このようにB寿司でも、寿司Aと同様に料理長を中心に消費者が参画する形で商品開発をしているのである。筆者が行った調査において店内で商品開発を行ったことがないと答えた寿司店はなく、ここ半年の間に商品開発を行わなかったと答えた寿司店は6軒であった。B寿司のように、出資形態や本店であるか支店であるかを問わず、現場レベルにおいて商品開発をすることはよく見られることなのだ。

馬さんは、オープンキッチンは寿司店が持つアドバンテージだと捉えている。彼は中華料理店のウェイターをしていたとき、消費者の意見が厨房に届かないことを体感していた。それに対して寿司店は消費者の反応を料理人が直接観察できるため、この問題を解決できるというのが彼の意見である。

B寿司は現在4名の料理人が働いている。彼のもとで働く3名はすべて農村出身の男性で20代で、求人広告を介して募集した。料理人を雇用するさい、給与は本社が定めているものの、誰を雇用するかは馬さんに決定権があると言う。調査時の半年前にこの店で働きはじめた楊さん（仮名）についてみてみると、彼はこれまで紹介した安さん・李さん・馬さんと異なり、日本料理店での職業経験がなく、3年間で寿司店を2軒経験している。ヒアリング対象のなかで、2009年以前に料理人として働き始めた者は27名おり、そのうち日本料理店で働いたことがない者は1名のみであった、一方、2010年以降に料理人として働き始めた者は18名で、そのうち日本料理店で働いたことがない者は12名いた。

投稿論文

　楊さんは安徽省出身の農村出身で、大衆寿司店で働いていた親戚を頼って同じ店に就職した。寿司を食べたことはなかったものの、日本料理の味付けや和包丁の使い方、シャリのつくり方や魚の捌き方など、予めどのような修業をするかを知っていた。その店で2年半働いた後、さらに高い給与を求めて転職したが、約束の額と異なっていたためすぐに辞めたらしい。そこで同郷の者のつてでB寿司に就業した。ここでは最初に学んだレシピとは異なる調理が行われていたため「慣れるまでに時間が必要だった」。馬さんからシャリのつくり方や魚の捌き方を学びつつ、その指示に従って調理を行っている。本社から基本的なレシピが配布されているが、実際はほとんど見向きされず、各店の料理長が調味料の配分などを取り仕切っているという。彼は「この仕事をすることは料理長を目指すことを意味する」と断言しており、その目標に向かって技能を磨きつつ、よりよい機会を窺っている。

　馬さんもB寿司の料理長を彼のキャリアの終着点とみなしているわけではない。彼は「オーナーシェフになりたい」と考え、そのために貯金をしている。B寿司の料理長に就任することはそのためのステップという意味合いもあり、原価計算や利益を出すための商品開発など店舗を運営する方法を学ぶこともできるという。ヒアリング調査の限り、オーナーシェフを除いた大衆寿司店の料理長の給与は平均約1万2,400元であった。一方、調査時点で大衆寿司店において未経験者を募集する場合の初任給は平均約4,120元であった。B寿司の場合、料理人の給与は基本給に加え、売上と連動したボーナスも支給される。オーナーシェフであれば給与ではなく、利益をそのまま手にすることができるゆえに「それを目指さない人なんていないと思う」と馬さんは考えている。

(3) 多種多様さと「日本」という付加価値——C・SUSHIの事例

　C・SUSHIはB寿司とは異なる繁華街に所在する。百貨店のテナントとして入居しており、有名ブランドを売る服飾店などと軒を連ねている。白と黒を基調としたモダンな店内にカウンター席約25とテーブル席約70ある。料理人やウェイターは白のワイシャツと黒のスラックスを制服としている。この店はD寿司という上海市内の全く異なる地域にある寿司店のオーナーが二号店として開業したも

のである。二号店であるものの、C・SUSHIとD寿司は当初から全く異なる価格帯・コンセプトである。客単価150元ほどに設定されている。2013年から営業を開始し、2014年からは張さん（仮名）が料理長となっている。

　張さんは安徽省の農村出身で20代後半の男性である。彼は高校卒業後に日本料理店で働いていた親戚を頼って、同じ店で働き始めた。その経緯はB寿司の楊さんと似ており、日本料理を食べたことはなかったものの、就職する時にはどのような修業をするかを知っていた。この日本料理店には日本人料理長がいたものの「彼はほとんど仕事をしなかった」らしく、実質的な料理長となっていた中国人副料理長のもとで味付けや調理道具の使い方の基礎を学んだという。1年ほど働いたのち、張さんは日本人から技能を学びたいと願うようになり、親戚のつてで高級な日本料理店に転職する。ここでは彼の希望通り日本人料理長から技能を習得する機会があったが、彼が最も驚いたのはその技能ではなく、用いる魚介の多様さであった。張さんは日本語で魚介の名称をあげながら、次のように語る。

（それまでは――引用者注）赤身とサーモンとホッキガイくらいしか知らなかった。その店にはブリもあればサンマもある。コハダもあればサバもある。……トロもある。キンメダイなどという目がこんなに大きな魚を見た時はびっくりしたよ。

　この日本料理店では5〜10種類ほどの日本産鮮魚を長崎の業者から仕入れていたという。2005年、長崎県の水産業者が史上初めて、正規ルートにより中国へ生鮮魚介を輸出するようになった。2015年現在、上海では二つの業者が日本産生鮮魚介を取り扱っている。契約した料理店や寿司店は、季節ごとに異なる20〜30種類の鮮魚のなかから店に必要なものを選ぶのだ。そのことは、店で働く中国人料理人が多種多様な魚介に関する知識と調理技能を身につけなければならなくなったことを意味する。張さんをはじめ修業中の中国人料理人は、新しい魚介が入荷すると日本人料理長がそれをさばくのを観察し、時には質問をしたりビデオカメラで撮影することもあったという。さばき方だけでなく、鮮度の良さを見分けるために観察すべきポイントを学んだり、ありうる寄生虫や病気について

投稿論文

の知識を身につける。このような修業は「最低でも一年必要だ」と張さんは言う。「旬」によって入荷する魚介が一年を通して異なるため、一巡しなければすべての種類について学ぶことができないというのだ。

　張さんは刺場だけでなく煮方や揚場なども経験し、2年後に再び転職をする。この店で働いていた日本人料理人が新しく開業する高級寿司店の料理長になることが決まり、「それについていった」のである。高級寿司店では煮物や揚げ物が減った代わりに、更に多種の日本産鮮魚を用いる。そのため、張さんは今では「100種類ほどの魚介をさばくことができる」と自慢気に話す。やがて張さんはこの高級寿司店の副料理長となり、その給与も1万5,000元を超えた。結婚をしマンションも買い、農村から都市部への出稼ぎ者としては「成功した部類」となった。しかし「このまま日本人の下で、二番手として働き続けてもよいのか？」という疑問がわくようになったという。料理人として生きる限り「店を自由にコントロールでき、その儲けを他の人に取られない」ことが目標になると、彼は考えたのである。

　この高級寿司店では、消費者や同業者から料理長への就任の誘いもあったという。しかしすべて大衆寿司店であり、日本産鮮魚を利用できるような価格帯ではなかった。日本産鮮魚は価格が高く、2014年11月の小売店での価格を例に取ってみると、アジ100gが36元、ヤリイカ100gが55元であった。これは尾頭付きであり歩留まり率が低く、原価はかなり高いと評されることが多い。筆者の観察では、25cmのアジを50元で仕入れ、売価は150元ほどになるという事例もあった。張さんは、中国人が高級寿司店の料理長に就任することはほぼありえないことだと考えており、長い間ジレンマに苛まれていた。

　4年後、張さんはC・SUSHIの料理長に就任した。C・SUSHIは大衆寿司店のなかでも価格帯がそれなりに高い店であったことが理由であった。日本産鮮魚を用いることはできないが、中国産活魚としてタイ、ヒラメ、中国産鮮魚としてサバ、サンマ、ブリを、国外産鮮魚としてサーモン、中国産冷凍魚介としてホタテ、イカ、エビ、タコを、国外産冷凍魚介としてホッキガイ、マグロ赤身、アマエビ、ウニと14種仕入れることができる。これは筆者が行った調査において、仕入れる生食向け魚介の種類が最も多い大衆寿司店であった。魚介の一部は出資者が以

前から取り引きしている業者が店に搬入し、それ以外は張さんが銅川路水産市場で知人の店から購入している。生食向け魚介はすべて張さんが品質をチェックする。銅川路水産市場での仕入れは張さんが適切だと判断した場合のみ購入しており、業者が搬入する魚介についてもすべて開封し、鮮度や寄生虫などの品質上の問題があった時は返品や価格交渉が行われる。返品をしても出資者は「生食向け魚介について知識を持っていないため……文句を言えない」という。

　C・SUSHIのメニューは先任の料理長から引き継いだものもあるが、この1年間で取捨選択をし、張さんが独自色を出すようになったという。入荷する生食向け魚介が多いため、握り寿司が20種以上と先述した2店よりも多い。ロール寿司も40種程度あり、握り寿司、いなり寿司、刺身、サイドメニューなどを合わせて常時100種を超えるようにするというのがC・SUSHIの方針である。その背景には、C・SUSHIの客層は流行りに敏感であり新しいものが好きで、リピーターが前回来訪時と同じ商品を食べなくとも済むようにしなければならないという考え方がある。

　多種多様な商品を提供するにあたって消費者の意見を取り込むことは重要であり、張さんはカウンター席に座る消費者と会話をするように心がけている。また、その下で働く6名の料理人に対して、試作品を多く考案するように指示をしている。試作品は料理人どうしの試食や消費者の試食を経て採用された場合、原案をつくった料理人にはボーナスが支給される仕組みとなっている。このやり方は張さんと出資者が話し合って決めたもので、より多くのアイデアが出るだけでなく、料理人が消費者とコミュニケーションを取るようになり、さらには料理人のモチベーション向上にも有効な方法であるという。

　消費者との会話のなかで料理人が会話をすることは商品開発に資するだけでなく、日本における寿司文化に触れる機会を提供する機会ともなっている。消費者からおすすめ商品を聞かれたとき、張さんは高級寿司店などでの経験を踏まえてサンマや〆サバを勧めることがある。マグロやサーモンなどを食べ慣れてしまい新しい味に挑戦したいという若い消費者に対して「江戸前寿司の伝統であり……日本人がとても好むものだから、挑戦してはどうか」と伝えるのである。提供されるサンマは薬味を増やして臭みがないようにし、〆サバも臭みが気にならない

よう〆め方を改良している。レシピはすべて日本人料理長から学んだものをアレンジしたものである。張さんはこのような試みを、寿司店どうしの競争に勝つ秘訣になると考えている。

　寿司屋が増えてきたから、ロール寿司だけだとオリジナリティを出すのが難しくなっている。……あなた（筆者のこと──引用者注）は知っているだろうが、上海の最高級店で寿司を食べているのは日本人じゃない。中国人なんだ。ロール寿司のみでなく、正統な日本の寿司は需要があるんだよ。そういう寿司店よりは安い価格帯で正統な寿司を体験できるのが、私の店のオリジナリティなんだ。

　張さんのもとには計6名の料理人がおり、常時4名から5名が出勤している。この6名はすべて農村出身の20代男性で、その採用は張さんが決定権を持っている。調査時点でC・SUSHIに勤務して1年になる劉さんについてみると、彼は四川省出身であり、上海に出稼ぎし中華料理店で働いていたが給与が高かったという理由で、求人広告を見て日本料理店に転職した。その日本料理店は中国人料理長が運営し、カツ丼やうどんなど安価なランチを主に提供する安い店であったので、サーモンやホッキガイなど限られた品種の魚介についてしか学ぶことができなかったという。約1年後、日本料理店が廃業してしまったために再び求人広告で就職したのがC・SUSHIであった。それまでと違い多種多様な魚介を用いるので戸惑ったものの、張さんから技能を学ぶ機会だと捉え、修業を続けている。これらの魚介の品質を見分ける能力や調理する能力だけでなく、張さんがそれまで経験した日本人料理長や日本人客とのやり取りを知ることもできる利点があるという。劉さんも寿司店の料理長を志し、「味付けではなく、魚介の調理を重心に学んでいる」と話す。現在、劉さんはカウンターでの調理や接客を担うほどの技能や知識を持っていないとみなされており、野菜や魚介の下処理や煮物などを担当している。

5．考　察

　前節に沿って、リサーチクエスチョンに即して考察する。調理プロセスのローカル化について、第一に、仕入れる生食向け魚介の品質は、料理人が身につけた職人的技能をもって保証している。それが、食中毒を防ぎ、他店より新鮮な食材を仕入れることで競争に有利になる方法だと考えられていた。ゆえに、料理人は何をどれだけ仕入れるかを決め、その価格交渉を行うことができる。第二に、商品の調理は職人的技能を身につけた中国人が主体的に行っている。彼らはそれまでの職業経験で習得した事柄を活用するだけでなく、何をどのように調理するかを決めることができる。

　商品のローカル化について、第三に、料理人は店で提供する商品を定め、独自の商品を考案したり、消費者の個別の要求に対応している。このさいロール寿司が多く用いられるのは、少種の食材を組み合わせることで多種多様な商品を生み出せるからである。他店との差別化を目的として、料理人が現場で独自の商品を考案することが重視されていた。このような現場レベルでの商品開発は、オーナーシェフの店舗だけでなく、多店舗展開をしている場合でもみられた。また、消費者が寿司消費に慣れているかどうかや、出身地がどこであるかなどによって多様な嗜好を持つ。このような多様性に対して、寿司店ではオープンキッチンで調理する料理人が個別対応している。

　以上のように、調査を行った大衆寿司店の料理長や料理人全員が職人的技能を身につけているか、その途上であった。その内容は、「目利き」、魚介の種類ごとの保存方法と調理方法、カウンターを介した対面接客能力と、寿司の調理プロセス全体、さらには商品開発と意思決定に関わっている。このことは前節でとりあげた寿司店のみならず、調査を行った大衆寿司店すべてに言えることである。

　第四に、職人的技能は、上海の高級寿司店や日本料理店で働く日本人料理人から伝承したものであった。大衆寿司店の料理長は日本人料理人から、あるいは日本人料理人の弟子であった中国人料理人から、徒弟制にもとづいてこれらの職人的技能を学ぶ機会があった。中華料理の料理人を経験した人もいたが、寿司店の料理人として学ぶ技能の内容は生食向け魚介の「目利き」や処理に関するものも

153

含まれ、中華料理のそれとは別のものとなっており、中国政府から承認を受けておらず、「拝師」も行われなかったことから制度的にも異なると理解できよう。彼らにとって技能を身につける動機は、料理長（さらにはオーナーシェフ）になるという目標だった。それは単により高い収入を得るというだけでなく、自らが自由にコントロールできる店舗を持つこと、さらには農村出身者として都市で生活していくうえでの「居場所」をつくることをも意味していた。王（2006）や張（2011）によれば、中国には中国の都市—農村関係を規定する戸籍制度があり、「農民工」を含む農村出身者は「「農」を賤とする意識」（張 2011: 161）に苛まれる存在となっている。農村出身のノンエリート青年であった彼らにとって、料理長となり都市での「居場所」をつくることは、いわば都市での成功を意味するのだろう。

おわりに

　上海の大衆寿司店には、日本人は直接関与していない。にもかかわらず、日本から伝承された技能や知識が活用される形で寿司店が運営されている。現地に合わせて寿司店運営の仕組みを再構成するにあたって、日本を起源とする職人的技能を身につけ、主体性と個性を発揮できる「寿司職人」という職業が上海で成立したのである。彼らが身につける職人的技能は調理だけでなく、仕入れから接客に至るまで活用されていた。彼らはどのように調理するかだけでなく、仕入れから接客、さらに人事や店のつくりにいたるまで意思決定に主体的に関与していた。

　本論では、「寿司職人」の存在が上海における大衆寿司店の発展のなかで、一定の役割を果たしていることを明らかにした。[9] 大衆寿司店では食中毒を防ぎ、多種多様な魚介を適切に調理し、消費者の需要にこたえつつ他店と差別化をしなければならない。そのような寿司店を運営するにあたって、「寿司職人」が魚介の種類ごとに「目利き」をし、調理をし、消費者一人ひとりに対応し、商品開発さえ担っていた。「寿司職人」が、その時々の状況に柔軟に対応できる点が重視されたものと言えよう。それに伴って、[10]「寿司職人」になることは中国人ノンエリートが上昇する機会となっている。

上海の大衆寿司店におけるローカル化と「寿司職人」の成立及びその役割

　現代社会において諸産業は国境内のみならず、国境を超えて展開することが一般的となっている。このような産業の越境的展開やそれに伴う労働の変容について、これまでの研究では製造業における生産拠点の国外移転が主に論じられてきた。例えば、日本の製造業が海外で生産拠点を新設する時に、いわゆる日本的経営が海外でも実践されるかどうか衆目を集め、研究が進められてきた（小池2008）。この論点は日本国内における日本的経営への批評などと関わりつつ、現在にも引き継がれている。だが、産業の越境的展開は生産拠点の国外移転に限らず、多種多様な産業がさまざまな形で進展しているという現実がある。小売業や輸送業、飲食業などの越境的展開についての研究は、製造業のそれほど行われておらず、それぞれの産業の特徴がグローバル化とどのように関わっているのか、議論は不十分である。本論は飲食業の特徴の一つである職人的技能の残存が、その越境に寄与することをつきとめたという点で、飲食業という非製造業の越境的展開を理解する契機となる。

　なお本論は上海の大衆寿司店を事例としている以上、その制約を受ける。中国国内外の他都市に所在する寿司店や他の飲食業の越境的な現象の調査研究を行い、比較研究を行うことを今後の筆者の課題としたい。

〔注〕
(1)　高級寿司店については別稿にて論じる。
(2)　このような調査方法を用いたのは、上海では寿司職人や寿司店の一覧表を行政から手に入れることができないためである。中国ではグルメサイトの利用が一般的であり、大多数の店舗をカバーしていると予想されよう。
(3)　この段落では上海における日本料理店や寿司店の来歴を述べているが、筆者が行ったヒアリング調査（店舗経営者や料理人）や資料調査（日本人向け雑誌やグルメサイト）をもとにしていることを付記しておく。上海の日本料理店や寿司店に関する研究は皆無であるため、筆者が収集した一次資料を用いた記述となっている。
(4)　80年代には多くの寿司店があったロサンゼルスや、2000年代までに寿司店が増加していたシンガポールでは、このような同時代的観察はできないだろう。加えて、飲食業は一般的に開廃業が頻繁であり、寿司業の歴史が長い都市を調査地として選んだ場合、寿司店が増加し始めた当初の状況を知る人物や当時の資料に接触することは難しくなってしまう。上海は大衆寿司店が出現してから歴史が浅いので、このような調査上のリスクを回避しやすくなると予想される。

(5) 現代中国における中華料理の徒弟制に関する研究は非常に限られているが、それらを踏まえると二つの特徴が読み取れる。第一に、中華料理の技能が国家資格となっている（朱 2014: 103）。料理の種別を問わない日本の調理師資格とは異なり、中国労働和社会保障部が認定する中式烹調師資格は、中華料理の経験年数や技能の上達が評価されることで、初級から高級技師まで5段階の昇進する仕組みとなっている。つまり、調理能力を国家が承認する形となっているのである。第二に、中華料理では調理師学校に入学すると、「拝師」と呼ばれる儀式が執り行われる（高・李 2011）。師匠となる人物の前で弟子が「磕頭」すなわちひざまずき、両手をついて地面に頭を近づける動作を行い、師弟関係を取り結ぶことを示す儀礼である。

(6) あわせて140平方キロメートルの面積に245万人ほどが住んでいる。東京で言えば千代田・中央・港・新宿・文京・品川・渋谷・目黒・豊島の9区を合わせた面積と、これらに中野区の人口を足し合わせたものに近い。

(7) 上海には複数の繁華街があり、寿司店もこれらの繁華街に集中して立地している。本論で取り上げる三つの寿司店はそれぞれ異なる繁華街に所在する。価格帯においても相対的に高いものと低いものを取り上げた。さらに出資形態（料理人の出資、系列店が多い企業の出資など）や料理長の職業経験（日本料理店や大衆寿司店、高級寿司店）などの多様性を事例にて触れることができるように、この三つの寿司店を選択した。

(8) 調査協力を得た寿司店の料理長の多くが安徽省の出身である。上海には安徽省の出稼ぎ農民が多いと言われており、中国では親族ネットワークを通した就業が一般的であるため、寿司店で働く安徽省出身者が増えたものだと思われる。取り上げた三名の料理長は異なる村の出身であり、就業の経緯も異なる。また、ヒアリングでは出身地が料理長就任や円滑な店舗運営に有利になるとの発言はみられなかった。さらに、安徽省内にて寿司に関する技能を身につける機会がないこと、親族ネットワークがなくともその代替となる職業ネットワークを形成することが可能なことから、出身地によって、寿司店の運営のあり方それ自体に影響があるわけではないものと思われる。

(9) 上海における寿司業の発展には、寿司店に出資する企業や個人の存在、鮮魚をはじめとする流通業者、寿司を好んで食べようとする消費者の需要など、多様な要素が関係している。「寿司職人」の存在は、それらの多様な要素と複雑に絡み合っていると考えられる。

(10) それの背景には、日本国内の寿司店で用いられる職人的技能が多様で、仕入れから接客まで全過程に関わるものであったことに加え、職人的技能を身につけた日本人料理人が、そのような技能を中国人料理人に伝承したことがあげられる。また、職人的技能を身につけることで上昇を図る中国人ノンエリートの存在も重要である。加えて上海の大衆寿司店では、いわゆる経営の大規模化が進んでいないことも関係しているだろう。本論で用いたデータから、中小規模の出資による中小規模の経営が行われていることがわかるが、紙幅の都合上立ち入った記述を行うことはできなかった。出資のあり方や規模、職人的技能との関わり方は重要な論点であるため、出資者と職人の関係に焦点を当てた別稿にて詳しく扱う。

〔文献・資料リスト〕
[日本語]
張玉林（2011）「中国農業の現実：「賤農主義」の形成」池上甲一・原山浩介編『食と農のいま』ナカニシヤ出版。
出口竜也（2007）「回転ずしのグローバリゼーション」中牧弘允・日置弘一郎『会社文化のグローバル化：経営人類学的考察』東方出版。
福田育弘（2011）「飲食にみる文化変容：鮨からsushiへ」早稲田大学教育学部『学術研究：複合文化学編』59。
呉偉明・合田美穂（2001）「シンガポールにおける寿司の受容」京都大学東南アジア研究所『東南アジア研究』39-2。
原勉・稲垣勉（1990）『フードサービス産業界』教育社新書。
日比野光敏（1999）『すしの歴史を訪ねる』岩波新書。
石毛直道・小山修三（1985）『ロサンジェルスの日本料理店：その文化人類学的研究』教文堂。
岩渕道生（1996）『外食産業論』農林統計協会。
伊豫谷登士翁（2002）『グローバリゼーションとは何か：液状化する世界を読み解く』平凡社。
佳藤木一整（1980）『すし技術教科書〈江戸前ずし編〉』旭屋出版。
川端基夫（2016）『外食国際化のダイナミズム：新しい「越境のかたち」』新評論。
小池和男（2008）『海外日本企業の人材形成』東洋経済新報社。
国際すし知識認証協会「国際すし知識認証協会」（2013年11月23日取得、http://sushi-skills.com/）。
日本貿易振興機構（JETRO）（2014）「2013年度所要国・地域におけるコールドチェーン調査（中国・上海・成都）」日本貿易振興機構。
西村幸満（1994）「職業別労働市場における採用・訓練・キャリア形成に関する実証的研究：寿司職人を事例として」教育社会学会『教育社会学研究』55。
尾高煌之助（1993）『職人の世界・工場の世界』リブロポート。
王昊凡（2015）「すし職人における技能養成と職業キャリア」日本労働社会学会『労働社会学研究』16。
王文亮（2006）『格差で読み解く現代中国』ミネルヴァ書房。
大谷毅（1998）「高級和食事業の存続のために和厨房が解決すべき問題点」日本フードビジネス学会『日本フードビジネス学会年報』3号。
リッツァ，G.（2003）「グローバル化時代の日本文化」リッツァ，G.・丸山哲央編著『マクドナルド化と日本』ミネルヴァ書房。

[外国語]
Bestor, Theodore C. 2000, *How Sushi Went Global*. Foreign Policy. No. 121.
Bestor, Theodore C. 2001, *Supply-Side Sushi*: Commodity, Market, and the Global City. American Anthropologist, Vol. 103.
Bestor, Theodore, 2004, *Tsukiji*. University of California Press. ＝和波雅子・福岡伸一訳2007『築

地』木楽舎。
陈红・罗雯2015「现代学徒制师徒关系研究」『襄阳职业技术学院学报』No.14.
大众点評「上海日本美食」（2016年4月29日取得、http://www.dianping.com/）．
高俊杰・李婧2011「"师徒制"职教培养模式不过时」『教育与职业』No.28.
Pauly, Daniel. 2009, *Sushinomics*. Foreign PolicyNo. 171.
Ritzer, George. 2004, *The Globalization of Nothing*. Sage. ＝正岡寛司監訳2005『無のグローバル化』明石書店．
上海市2014『上海市国民経済和社会発展統計公報』。
Yelp（2016年4月29日取得、http://www.yelp.com/）．
朱志威2014「再议传统师徒制在现在烹饪教学中的运用」『职业』No.20.

書　評

1 　渡辺めぐみ著
　　『農業労働とジェンダー ──生きがいの戦略──』　　　大槻　奈巳

2 　大槻奈巳著
　　『職務格差──女性の活躍推進を阻む要因はなにか──』　　佐藤　洋子

3 　中嶌剛著
　　『とりあえず志向とキャリア形成』　　　橋口　昌治

4 　飯嶋和紀著
　　『労働組合職場組織の交渉力
　　　──私鉄中国広電支部を事例として──』　　兵頭　淳史

5 　河西宏祐著
　　『電産型賃金の思想』　　　清山　玲

渡辺めぐみ著
『**農業労働とジェンダー** ——生きがいの戦略——』
（有信堂高文社、2009年、A5判、228頁、定価4,000円＋税）

大槻　奈巳
（聖心女子大学）

1．本書の目的と構成

　本書は、農家女性が抱える問題を生み出している根本的な原因を追究するために、家族農業経営という閉じられたシステムをとりあげ、夫婦という男女の一対一の性別役割分業の形成過程を描き出している。ここで用いられている性別役割分業とは性別によってある仕事上の役割が固定化されることを意味している。「男性／女性向きの仕事」という性別役割分業がジェンダーのイメージから「作られている」ことを実証し、農業において「男性／女性向きの仕事」が形成される過程を体系的に解明することを目的にしている。また、著者は、農業・農村に対するステレオタイプなイメージが存在していることへの問題提議、農業における性別役割分業の研究を通じて、農業におけるプラス・イメージ戦略が隠ぺいしているものを浮かび上がらせたいと意欲を述べている。

　本書の構成は、序章、第一章「「農村女性」に関する研究の動向」、第二章「「配偶者問題」にみる農村へのマイナス・イメージ」、第三章「ジェンダー視点からの分析枠組み」、第四章「性別役割分業の生成パターン」、第五章「家族農業経営における女性労働の問題構造」、第六章「酪農の近代化と女性労働」、第七章「販売労働とジェンダー」、終章という構成である。

　序章で研究の目的、分析視角を説明し、第一章で「農村女性」に関する研究をまとめ、日本の農村社会学の研究について概観し、「農村女性」の存在が不可視とされてきたのか、「農村女性」を対象とした研究では何が問題とされてきたのか、を述べている。第二章で「配偶者問題」の議論の中に存在する農村へのマイナス・イメージを浮き彫りにし、配偶者のいない人をめぐり、どのような差別的

な言説が行われたのかを明らかにしている。第三章では、第一章、第二章の議論をうけて、農村のマイナス・イメージを払拭するために農村女性への称揚を通して農村のプラス・イメージを作り出そうとした戦略のもつ問題性を射程に入れつつ、近年の先行研究をふまえ、本研究の分析枠組みである、ジェンダー視点からの分析枠組みを提示している。

　著者は、フランスの農業経営における労働と地位の関係について考察したデルフィ（1984）とデルフィとレナード（1992）の指摘した、「労働における『重・軽労働』という分類が実は肉体的なものではなく、社会的に決定されている」を分析枠組みの柱にしている。渡辺は一般的な言説においては、性別による作業の責任分担について、男性は「重く」中心的で重要な労働、女性は農場において「軽く」季節的な労働と日常的な家内労働を行っているとされるが、それに対して、デルフィは仕事の分類の基準は技術操作そのものや仕事の労力ではなく、その仕事を行う者の地位にあると論じていると整理した。本書は、この指摘をふまえ、農業従事者の主観的な農作業への評価の中にある法則性を明らかにし、その法則性がデルフィの指摘にあるような家族内の地位やジェンダーが関わっているかを検証し、その法則性が生じる原因を追究している。

2．本書の知見

　本書の後半部分は第四章「性別役割分業の生成パターン——いちご栽培における性別役割の逆転」、第五章「家族農業経営における女性労働の問題構造——ジェンダー戦略化された「やりがい」の発見」、第六章「酪農の近代化と女性労働——子牛の世話は「女性向き」か」、第七章「販売労働とジェンダー——女性たちのさまざまな思い」、「終章」という構成になっている。4回にわたるインタビュー調査をもとに、いちご栽培、各種作目の専業、酪農、販売の仕事を事例に、農業従事者の男女がどのように農作業に関わり、それが仕事を行う者の地位（家庭内の地位やジェンダー）とどう関わっているのかを検証している。

　本書の知見としては、以下があげられる。第一に、いちご栽培においては、男性は生産物の出来（価格）に大きな影響があるとみなす労働をまず自分に配分すること、それ以外の労働には手を付けず、「面倒くさい」「女性に向いている」と

いう表現が使われていること、女性は男性が手を付けない部分で全体をカバーする役割を遂行していた。

　第二に、各種作目の専業農家において、ある労働が「女性向き」であると意味づけられる「労働のジェンダー化」があり、「労働のジェンダー化」には次の二つの機能があった。ひとつめの機能は「細かい仕事だから女性の仕事」という中には、精神的に疲弊する単調労働や自分のペースで仕事ができない調整的な仕事が含まれており、女性の過重労働が「細かい」という意味づけによって隠蔽されていること、ふたつめの機能は女性たちがある領域を「細かいから女性向」とあえて囲い込むことで裁量権を得ていたことである。

　第三に、酪農において「子牛の世話は女性に向いている」というステレオタイプイメージが強いこと、実際に女性たちは子牛の世話をまかされるが、子牛の世話は難しく、死んでしまうことも少なくないこと、多くの女性たちは子牛育ての情報を集め、努力して子牛育てをしていたが、子牛の世話は女性に向いているというステレオタイプが女性の精神的負担や頑張りを覆い隠してしまっていることを本書では指摘している。

　第四に、女性による農産物の産直や直販が新たな可能性といわれているが、現状は「やりがい」を求める女性の自己満足的な試み、男性からは重視されない試みにとどまる傾向になるという。

　以上の４点をふまえつつ、著者は農業スキルにおける格差は「やりがい」格差を生むこと（女性は結婚によって農業に新規参入するので、夫より農業スキルは低い）、女性が経営的判断に参画して「やりがい」を得ることができれば戦略的な農業労働のジェンダー化の必要性は薄れること、しかし、現実にはなかなか難しく、女性たちはある領域を「細かいから女性向」とあえて囲い込むことで裁量権を得ていること、これに対していきいきと農作業に取り組んでいると評価すればジェンダー格差は再生産されると論じている。

３．本書の貢献

　本書の貢献は、①家族農業経営における性別役割分業と家族内成員におけるジェンダー格差を明らかにしたこと、②第一の知見は農業だけでなく、「家業」「自

営業」についても射程にいれて考えることができること、③農業における「男性／女性向の仕事」の形成過程を明らかにしたことは企業における性別職務分離の研究にも寄与すること、であろう。

千葉悦子（2000）は農業女性を視野に入れた女性労働研究の必要性をずっと述べてきたが、それは、女性労働において自営業・農業の占める比重が高いこと、家族従業者としての農家女性の労働を視野に入れて雇用労働における女性の地位を考える必要があること、農家女性の働き方と都市女性労働者の働き方を検討することで女性の働き方を包括的に考えることができるからと論じている。本書は千葉の指摘したこれらの点をうめる重要な役割を果たしているといえよう。

また、評者は企業における性別職務分離を考えてきたので、その点から本書の貢献を考えてみたい。日本で性別職務分離の視点から職場の実証研究を最初に行ったのは木本喜美子（1995）である。販売職という職種の内部においても「販売は女性、管理は男性」という性別職務分離がきわめて明瞭であること、男性が作ってきた職場慣行の累積が職場における性別職務分状況を規定していると指摘した。その後、事例研究が蓄積されていった。

近年の研究としては、駒川智子（2014）は銀行事務職を対象に、1960年代〜90年代前半を対象に性別職務分離の形成過程を歴史的に分析し、大卒男性は「融資」と「得意先」に重点的に配置され、定期的な異動を通じて能力育成とキャリア形成を果たしているが、それは内部業務を引き受け昇進・昇格が制限されがちな高卒男性と、その事務担当者である女性の存在によっていること、「女性活用」のもと女性は窓口業務や個人向けローン業務、今日では個人向け投資信託業務で力を発揮しているが、そうした「女性活用」が新たな「女性職」を生み出していることを指摘している。

金井郁・申琪榮（2014）は、生命保険の営業職を事例に営業を行うのは大多数が女性で、営業を行う女性たちを管理するのは男性であること、生命保険業界では「女性はコツコツと回る保険営業に向いている」という言説があること、生命保険会社では大量の営業職員を必要とするので、コストを抑えて大量に採用できる対象が「家庭にいる主婦」であったこと、一方で女性たちにとっても一般的な女性労働者よりは処遇水準が高く、実力勝負で高い給与が得られると認識され、

長く従事する仕組みがあることを指摘し、労働そのものの性格や内容がその労働の社会的価値を決めるのではなく、労働を遂行する人が女性か男性か、女性がする労働の社会的意味が、彼女らの労働の地位や「生活保障されるべき労働者」の範疇を決めているという。

　渡辺の知見である、男性は生産物の出来（価格）に大きな影響があるとみなす労働——基幹的な労働——をまず自分に配分すること、それ以外の労働には手を付けず、「女性に向いている」という表現が使われていることという点は、企業内における性別職務分離の状況——基幹労働は男性、その他は女性——と同様であろう。また、女性たち自身の戦略として、「女性向きの仕事」として自分たちの裁量にいれていくという動きも、銀行事務職や生命保険営業職において女性向きの仕事が「女性を活用する仕事」として認識されているのと似た構造である。そこに女性自身の「やりがい」が加味されるという構造もある。また、渡辺の論じた、「女性向きの仕事」とされることで、その大変さが隠されてしまうという点は、企業の事例においてももっと研究すべき点であろう。さらに、渡辺の研究が「男性／女性向きの仕事」が体力的なものを基準に決められていない点を、身体を使う農業で実証したことは大きい。このように企業の事例に農業の事例が加わることによって、千葉悦子が論じたように女性労働全体における性別職務分離の構造を描き出せたといえよう。

　一方で、評者の疑問として残るのは酪農における子牛の担当についてである。渡辺は酪農において「子牛の世話は女性に向いている」というステレオタイプイメージが強く、女性が担当するが、子牛の世話は難しく、死んでしまうことも少なくないという。子牛は重要な資産であり、なぜその重要な資産を経験のない女性にまかせるのか、それほど経験のある男性たちは成牛の世話で忙しいのか、それほど女性は子牛の世話に向いていると思っているのだろうか。事例が少なく、この点が論じれられていないのが残念であり、評者も考えていきたい。

　本書は、農業における研究としても、性別職務分離の研究としても大きな貢献がなされており、得られた知見をもとにさらなる研究を積み重ねていく必要があろう。

〔文献〕

千葉悦子、2000、「農家女性労働の再検討」木本喜美子・深澤和子編著『現代日本の女性労働とジェンダー』ミネルヴァ書房。

Delphy, Christine, 1984, *Close to Home: A materialist analysis of women's oppression*, Translated & edited by Diana Leonard, Amherst, University of Massachusetts Press（＝1996、井上たか子・加藤康子・杉藤雅子訳『なにが女性の主要な敵なのか：ラディカル・唯物論的分析』勁草書房）。

Delphy, Christine and Diana Leonard, 1992, *Familiar Exploitation: A New Analysis of Marriage in Contemporary Western Societies*, Oxford, Polity Press.

金井郁・申琪榮、2014、「日韓生命保険業における労働のジェンダー化」『ジェンダー研究』第17号、お茶の水女子大学ジェンダー研究センター：81-102。

木本喜美子、1995、「性別職務分離と女性労働者」『日本労働社会学会年報』第6号：23-49。

駒川智子、2014、「性別職務分離とキャリア形成における男女差：戦後から現代の銀行事務職を対象に」『日本労働研究雑誌』7月号、No.648: 48-59。

大槻奈巳著
『**職務格差**——女性の活躍推進を阻む要因はなにか——』
（勁草書房、2015年、四六判、404頁、定価3,200円＋税）

佐藤　洋子
(高知大学)

はじめに

　近年、政府は成長戦略の一つとして「女性の活躍推進」を掲げ、女性の就労を促す施策を展開している。評者も女性が活躍できる社会が望ましいと考えている。だが研究や実践の過程で働く女性の現状にふれるたび、女性が働くうえで抱える問題の変わらなさに、しばしば途方に暮れることがある。女性の労働市場への参加を促す法整備は進んできたにもかかわらず、なぜ依然として女性が就労を継続することは難しく、管理職となる女性は少ないのだろうか。

　本書はこの問題に真っ向から取り組んだ著作である。本書の目的は「労働過程においていかにジェンダー化された関係性が形成・維持されているかを検討する」（13頁）ことを通して、女性の活躍推進を阻む要因を探り、女性の活躍推進のために必要な点を探ろうとする点にある。本書は大きく2部構成をとっている。第Ⅰ部「仕事を通した格差の形成」（第1章～第4章）では、SEや旅行業、医療介護職、NPOで働く人々の事例を通して労働現場におけるジェンダーの形成過程を明らかにするとともに、その是正策について論じている。第Ⅱ部「不透明な時代の人々の意識」（第5章～第7章）では、雇用が不安定化した現代社会に生きる人々の就労をめぐる意識を論じている。以下、各章の概要を簡単に述べていこう。

1．各章の概要

　第1章「なぜ『女性活用』は進まなかったのか——性別職務分離の過程分析」は、本書のタイトルである男女間の「職務格差」が現場でどのように形成されて

いるかを中心的に論じた章である。前半では男女雇用機会均等法施行時に男女同一待遇で採用されたSEの事例を通して、男女間でわりあてられる職務の違いとその理由、また本人の知識・スキルとわりあてられる職務、昇進との関係を分析している。それによれば、女性は「こつこつ行う」データ変換や、男性SEが行うシステム開発のサポート、女性がしたほうが「場が和む」と考えられている拡販デモなど、女性性のイメージと結びつけられた職務にわりあてられる。昇進においては、男性はもっている知識やスキルの有無にかかわらず昇進するのに対し、女性はかなりの知識・スキルをもつ場合しか昇進できていない。女性が行う職務は男性が主として行っている職務に比べて周辺的であるがゆえに、女性には職務を通じた知識やスキルが十分に与えられず、その結果、男性が女性より昇進していく傾向がある。後半の旅行業の事例では、年俸制や目標管理制度などの新たな人事制度がそれまでの性別職務分離の状況を変えることなく導入されたために、かえって性別職務分離が強化され、女性に不利な状況が作りだされていることが示されている。

第2章「職務評価と是正賃金――同一価値労働同一賃金原則の考えから」では、性別職務分離が顕著で男性と女性の賃金格差が大きい状況下で女性の賃金を上げていく際に有効な同一価値労働同一賃金の考え方をはじめに紹介した後、具体的に看護師、施設介護職員、ホームヘルパー、診療放射線技師の医療介護4職種における職務評価を行っている。女性が多く低賃金で処遇の改善が求められているホームヘルパーに着目すると、ホームヘルパーは4職種のなかで感情的負担が最も高く、職務ほぼすべてにわたって感情的負担が求められている。それにもかかわらず、ホームヘルパーの時給には労働環境や資格、仕事の技能など仕事の要因が加味されていない。そこで職務の価値に基づき是正賃金を算出すると、ホームヘルパーの賃金は看護師を基準にして約29％～約67％、男性施設介護職員を基準にすると約3.7％～約33.5％高い額が妥当であるという結果が示されている。

第3章「雇用における年齢制限」では、年齢制限と女性の就業機会の関係を論じている。ハローワークに来所した女性の52.8％、人材派遣会社に登録のため来所した女性の42.4％が、求人・採用段階での年齢差別の経験があると回答している。一方で調査結果は、人々に年齢差別を仕方ないと許容する意識があることも

明らかにしている。特に女性に対する年齢制限は男性に対するそれよりも許容されやすいことから、女性は年齢差別のために良好な雇用機会から排除される傾向が男性より強い可能性があると著者は指摘する。

第4章「女性のNPO活動と金銭的報酬」では、一転してNPO活動を行う女性に焦点があてられる。ここには、「キャリア」を社会的活動を含めた個人の活動の連鎖と位置づけ、職業的キャリアを中断せざるを得ないことが多い女性のキャリアをトータルに示そうという意図がある。分析を通して、女性たちは職業上の経験や生涯学習の経験をNPO活動に生かしていること、NPO活動を通して新たなキャリアを形成し力をつけていることが明らかにされている。また女性がNPO活動によって金銭的報酬を得るためには、NPO法人の収益のあり方やメンバーの職業経験・社会的活動経験のあり方、メンバーの金銭的報酬への考え、労働市場における女性の労働への評価のあり方、NPO活動への使命感・共感と金銭的報酬への考えの分離、そしてNPO法人における金銭的報酬のあり方への社会的認知の整備、が主に必要な要件であることが示されている。

第5章「超氷河期に就職した若年層の管理職志向」では、若者の管理職志向と専門志向、そして男性の稼ぎ手役割意識について、韓国、イタリア、カナダとの比較を行いながら分析がなされている。日本の若者は他国に比べて男女とも管理職志向が低いが、それは専門志向の高まりによるものではなく、管理職志向と仕事の専門性を高める志向性は強く結びついている。また未婚男性では年収が高いほうが、未婚女性では「いつ職を失うか不安である」と思っているほうが管理職を志向している。

第6章「雇用不安定化のなかの男性の稼ぎ手役割意識」では、既婚男性の稼ぎ手役割意識に焦点をあてている。転職・離職経験によって男性のジェンダー意識は弱まり、女性の経済的役割を重要視するようになるが、男性の稼ぎ手役割意識は非常に強固であり、転職・離職経験による影響は見られない。男性がおりずにがんばらざるを得ない状況がある。

第7章「競争社会における親の子どもへの期待」は、親が子どもに対してもつ「男らしく女らしく」という期待を分析している。日本の親の子どもに対する「男らしく女らしく」という期待は全体として減っているものの、父親の男の子

に対する期待は大きいままである。男の子への「男らしく」という期待は、現代の競争社会を背景とした「男の子なのだから、将来ちゃんとした人生が歩めるように、競争に打ち勝ってほしい」という期待である。親たちはこうした意識が性差別につながるという認識はもっていない。

最後に終章「『女性の活躍推進』になにが必要なのか」では、「女性の活躍」のために必要なこととして、男女の昇進や仕事のわりあてにおいて同一の基準を用いること、性別職務分離を解消すること、制度的に女性が不利な状況を解消することなど、新規性があるとはいえないものの、ここまで検討してきた実証データをふまえた説得力のある主張がなされている。

2．本書の意義と今後の期待

本書で特に引き込まれるのは第1章の実証分析である。ここで検討されているのは1990年代に行われた調査のデータであるが、近年の研究でも同様の性別職務分離の状況は示されており、現場レベルでも「女性の感性」や「女性の視点」を新たな商品やサービスに生かそうという声はありふれている。男女雇用機会均等法施行時の「女性活用」の失敗の轍を踏まないためにも、本書のようなジェンダー視角からの実直な労働過程分析に学び、現在脚光を浴びている「女性の活躍」が何を意味し、今後どのような道筋をたどるのかを冷静に分析することが非常に重要であろう。「女性の活躍」の名のもとに女性性と結びついた職務に女性をわりあてることは、男女間の職務格差の解消にはつながらない。このことは、研究者や女性の活躍推進やダイバーシティ経営にかかわる人はもちろん、働く人すべてに理解されてほしいと望んでいる。

ところで本書では「女性の活躍」とは何かという定義が実はなされていない。本書全体の問いから推し測ると、著者は職場や仕事の場における「女性の活躍」を、女性が基幹労働者となること、すなわち男性労働者と同じように就労継続し、男性労働者と同程度の賃金を得られ、管理職になりうることを想定しているように思われる。だが、第1章の旅行業の事例でも取り上げられているように、雇用不安定化のなかで女性は流動的で安価な労働力として労働市場に参入しており、女性の非正規労働者は半数を超えている。著者は非正規労働者として働く女性の

「活躍」をどのようなものととらえ、どのように不利な状況を解消していくことができると考えているのだろうか。もちろん第2章で議論されている同一価値労働同一賃金原則を徹底することによって、正規／非正規間の不当な賃金格差を解消することはできるだろう。しかし非正規の仕事の価値が必ずしも高くない場合には十分な賃金を得られない可能性もある。仮に、女性が仕事上で十分に能力を発揮し、かつ自立した生活をしうる状況を最低限めざすとすれば、著者はどのような処方箋を考えているのだろうか。

　一方で、明確に示されているわけではないが、著者は女性が基幹労働者となること以外の道を「女性の活躍」の射程に入れているようにも感じられる。たとえば第4章ではNPO活動と職業的キャリアの経験の連鎖がとらえられ、女性がNPO活動を通して金銭的報酬を得ることの可能性が論じられている。ここからは、農業や起業など雇用労働以外の女性の労働やボランティアなどの社会的活動を「キャリア」という概念で結びつけ包括的に論じる可能性があるように評者には感じられた。それは今後の女性労働研究の新たな展開となりうるのではないだろうか。

中嶌剛著
『とりあえず志向とキャリア形成』
（日本評論社、2015年、A5判、208頁、定価2,500円＋税）

橋口　昌治
（立命館大学）

はじめに

　評者はタイトルにある「とりあえず志向」という文字を見て、フリーターに特徴的な就業意識として指摘された「やりたいこと志向」を思い出した。

　1990年代末から始まった一連のフリーター研究において、インタビューの対象となった97名の「フリーター」が「やりたいこと」という言葉を頻繁に使うことが確認された。それに対して下村英雄が、フリーターには「"やりたいことをやる"と言う価値観を中心とした職業意識」があると分析し、「やりたいこと志向」と名付けた。苅谷剛彦は、その原因を進路指導における「自己理解」にもとづく「自分のやりたいこと」「自分に向いた職業＝適職」探しの奨励にあるとし、「やりたいことよりもできることを」と、高卒無業者に対して自己実現欲求を抑えて職業訓練に励むように勧めた（苅谷を含む何人かの研究者が「やりたいこと志向」に対して出した処方箋は、「やりたいこと」を断念して"とりあえず"正社員になることであったと言える）。一方、久木元真吾は論理が自己展開することによって「やりたいこと」という論理にはまり込む過程を明らかにしながら、「フリーターたちの語りに見出されるべきなのは、『やりたいこと』という語彙の頻出＝過剰より、むしろ『仕事』や『働く』ということをめぐる語彙のヴァリエーションの過小である」と指摘した。

　以上のような「やりたいこと志向」をめぐる議論に対して評者は、正社員、非正規労働者、無業者に共通して語られる労働環境の悪化に対する言及がないことを当初より批判的に見てきた。例えば「正社員になったら『やりたいこと』（探し）ができない」といった語りの背景には、正社員の長時間労働や心理的な拘束

がある。また「『やりたいこと』(探し)をするためにフリーターをしているが、いつまでもフリーターでいることは難しい」といった語りの背景には、非正規労働者の低賃金や社会保障の不備の問題がある。しかし「やりたいこと志向」をめぐる議論は、そのような問題に目を向けず、フリーターの意識を非合理化しキャリア教育などを通して変えるという点にばかり焦点が当てられていた。その限界は、2000年代後半に若年労働者の労働問題へと議論が移っていったことからも明らかであった。

一方、評者は現在、ある高等専修学校で「就職補習」を担当しているが、つい「やりたいことはないの?」「とりあえず会社見学に行ってみない?」と生徒に尋ねてしまい、日々「『仕事』や『働く』ということをめぐる語彙のヴァリエーションの過小」を感じている。その要因として、乾彰夫の論じた「一元的能力主義」、あるいは濱口桂一郎の論じた「教育と労働の密接な無関係」によって、当事者である生徒・学生も"指導"する側の教員も、進路を決定しにくく先延ばしにしてしまう構造があると考えている。つまり構造が変わらずに語彙の使用だけを変えることは難しいのである。

前置きが長くなってしまったが、ここ10年ほどの議論を振り返って感じることは、若年者の就業意識を論じる際、日本の「学校から職場への移行」の特徴や若年労働者の労働環境が意識や語彙にどのような影響を与えているか、若年労働者の意識と考えられているものが実は教員や研究者が先行して使い始めたものではないかといったことに意識的であるべきだということである。また大まかに、若年者を取り巻く構造を変えようとするものか、それとも若者の意識を変えようとするものかという論点も重要である。そのような視点から本書を読んでいきたい。

1．本書の構成および内容

本書は「第Ⅰ部　とりあえず志向に基づくキャリア論」(第1〜3章)「第Ⅱ部　とりあえず志向の活用術」(第4〜6章)の二部構成になっている。序章では、本書が「自覚的キャリア形成の研究」を行うものであることが述べられる。「自覚的キャリア形成」と「とりあえず志向」との関係が明示的に説明されている箇

所はないが、序章第2節「本研究の目的」において「われわれ日本人に広く潜在しているこのとりあえず志向を自覚しながら生きることがキャリア形成にとってどれほど重要であるかを実証的に明らかにすることを目的とします」と述べられている。

「とりあえず志向」の定義は第1章で論じられる。「とりあえず」の基本義は「取るべきものも取らずに（取り敢えず）」であり、「あれこれと是非を詮索する時間的な暇がない」「不十分な状態ではあるが完全な状態になるまで待たずに事を行う」というように意味が展開する（p.19掲載の「図1-3　とりあえずの語義」参照）。その上で著者は「とりあえず性」を2つの要素に分け定義づける。1つ目は「瞬間性・性急さ（＝"時間選好性"）」であり、「少しでも早く安定した職業に就くことで安心を得たいという心理状況」が具体例として挙げられている。2つ目は「まったりとした持続性（リラックス感）」であり、"時間順序の選択性"と言い換えられている。「将来的な変化や追加（例：離転職）の可能性を残しながらも一時的に就業可能な職業に身を置こうという心理状況」が具体例として挙げられている。

第2章では、著者の行った調査に基づき「とりあえず志向」を持って公務員になった人々の実態の解明を通して「とりあえず志向者にはどのような人が多いのか」が論じられる。結論として、①入職前に「とりあえず定職に就きたい（公務員になりたい）」という意識を持っていたとりあえず志向者はおおよそ3人に1人である、②とりあえず志向は男性、中高年（40歳代以上）、高卒公務員、転職あり（民間から公務員）ほど強い傾向が見られるといったことが導き出されている。また「とりあえず志向」の効果として「『公務員＝安定』に基づくとりあえず志向が職業キャリア意識の形成に大きく影響しており、とくに『次のステップになる』という時間的順序を選択する意識から生じるとりあえず志向が職業人生の道筋や将来ビジョンを明るくする」ことが挙げられている。

第3章「キャリア形成としてのとりあえず志向の影響」では、「とりあえず地元志向者」について検討が行われる。調査結果から、①とりあえず志向は「堅実で安定している」「地元で働きたい」という志望動機と関連が強い、②とりあえず志向の女性の80％以上が安定志向による、またとりあえず地元志向の男性の

半数近くが地元愛着をもっている、③「とりあえず安定」で公務員就業する場合、雇用安定化は勤続の長期化（キャリアの蓄積）を伴いながら将来の職業キャリア意識の具体化につながっているといったことが明らかにされている。

第4章「キャリア成功への鍵」では、キャリア成功の評価基準として「何をもって」という客観的指標に加えて「誰が評価するのか」という主観的指標が大切になると論じられる。また「とりあえず志向」との関連では、①女性のとりあえず地元就業者の3人に1人がとりあえず志向である、②"とりあえず地元"就職した女性地方公務員の多くは（当人にとって）十分ではない就業満足を受け入れながら就業を継続していることなどが明らかにされている。

第5章と第6章は、著者のエッセイのような内容であるので紹介を割愛する。

2．若干のコメント

本書の論じる「とりあえず志向」は、公務員を主な研究対象としているためもあってか、実質的に「安定志向」のことだと言える。そして「とりあえず志向」をもってキャリア形成することを著者は基本的に肯定している。

「はじめに」で述べたように、「やりたいこと志向」に代表される若年者の就業意識に関する議論は、若年者の意識を非合理化し、キャリア教育などを通して正そうとするものが多かった。一方、意識に焦点を当てた議論に対して、就業構造の変化や労働環境の悪化に焦点を当て若者ではなく社会を変えるべきだという議論が対置されてきた。本書は、そのどちらでもなく、若年者の意識に焦点を当てながらも非合理化することなく、むしろ肯定している点に特徴がある。そこに著者のリアリズムを感じることができる。しかし、現状を追認するような態度は評者にとって物足りない。

例えば第4章において、"とりあえず地元"就職した女性地方公務員の多くが十分に満足をせず就業を継続していることが明らかにされているが、これは「とりあえず志向」を肯定的に捉える根拠になりうるのであろうか。さらに言えば、個人のキャリア形成によってではなく、社会問題に取り組むことによって解決すべき事柄なのではないだろうか。著者は、膨大なサンプルを収集し、また言語学など様々な学問の蓄積を駆使して「とりあえず志向」に迫ろうとしているが、学

生や労働者の声を十分に聴けているようには思えない。

　例えば著者は「たしかに、早期に明確な進路先を選択・決定することが希求される今日的風潮の中で何らかの必要性に迫られてとりあえずの進路選択をする場合があってもさほど不思議ではありません」(p.16) と、「とりあえず」に込められた若者の言葉にならない嘆息や悲鳴のようなものを聴いているように思われる。にもかかわらず、「とりあえず志向」がキャリア形成に「自覚的に」取り組む契機になるとして肯定しようとしている。これは「やりたいこと志向」に対して「できること」を対置し正社員になることを勧めた2000年代の議論の（階級的視点を欠いた）延長にあると捉えられる。また久木元の議論を援用すれば、「とりあえず」の多義性からは、むしろ「『仕事』や『働く』ということをめぐる語彙のヴァリエーションの過小」、日本における「キャリア形成」の構造的な困難を読み取るべきだったと考えられる。

　進路決定をめぐってつい使ってしまう「とりあえず」という言葉に着目し、その使用の実態を分析するという著者の試みは、ユニークさと真っ当さを併せ持つものである。しかし、若者の就業意識へと問題を切り縮め、「志向」という言葉と結びつけてしまったことによって失った面白さがあったのではないかと感じる。

飯嶋和紀著
『労働組合職場組織の交渉力
―― 私鉄中国広電支部を事例として ――』
（平原社、2016年、A5判、178頁、定価3,800円＋税）

兵頭　淳史
（専修大学）

　まずは、少々長くなるが、本書冒頭の一節を引用することから始めよう。
「『労働組合』――ひと昔前であれば一部に肯定的な評価がありつつも、たとえば
『既得権にしがみつく』『抵抗勢力』など、すなわち悪玉、あるいは悪玉とまでは
決めつけないにせよ悪いイメージをもって語られることが多かったように思う。
とはいえ、誤解も含め良くも悪くも存在が認知されなければ評価されえないこと
を考えれば、一応存在感はあったと言えよう。しかし現在に至っては2003年に
推定組織率が2割を割り込んで久しく、もはや働く人々の5人に4人とは縁のな
い存在、すなわち『ロウドウクミアイ』という言葉すら認知されなくなってきて
いるのではないだろうか。労働組合の影響力も地に堕ちた感がある」。
　このようなセンテンスで始まる本書であるが、評者の見立ては若干異なる。
90年代末〜00年代の少なくとも半ばまでであれば、こうした表現が、「労働組
合」をめぐる現状認識としてまさにぴったりくるものであったと思われるので
はあるが、00年代後半以降、非正規雇用労働者をめぐる状況の深刻さが一般マス
コミも含めて広く取り上げられるようになり、「ブラック企業」という言葉も急
速に拡大するなど、「労働問題」が再び社会問題として社会的な認知を受けるよ
うになってきたころから、労働組合もまた、そうした労働問題を解決するための
有効なツールとして、「復活」してきたように思われるのである。ただしそれは
「ロウドウクミアイ」と発音するより「ユニオン」という横文字で呼ぶことがふ
さわしいものとしてであるが。
　出だしから何やら本書に対して現状認識の面で根本的な批判を展開している
ともとられかねない叙述からはじめてしまったが、そうではない。言うまでもなく、

本書の著者飯嶋氏もそのようなことは十分に認識しており、そのことは本書を繙きその第1章を読むだけで一目瞭然のことである。それでも、あえてこうしたやや挑発的な書き方からはじめたのは、本書に展開された問題意識を評者がほぼ共有し、本書の意義をむしろ高く評価するがゆえである。

　本書で述べられているように、遅くとも1980年代以降、日本における労働組合の存在感は、世間ないしはジャーナリスティックな領域においては、「革新」的で弱い人々の味方である運動体というイメージから、「守旧的な既得権の擁護者」というイメージへの転換を経つつ、また学術的な領域においては、ビジネスの論理が最終的には貫徹する強固なシステムとしての「日本的経営」「日本的労使関係」のサブシステムという認識を得つつ、20世紀末にかけて決定的に凋落していった。ところがその後、世紀転換期を経て、とりわけ「周辺的」労働者にとっての希望としての「新しい労働組合」（＝個人加盟ユニオンないしは地域ユニオン）への注目という形で、労働組合への関心は急速に「復活」した。労働運動の新しい展開への希望を「ユニオン」に見出す議論は学術的にも活発化し、マスコミなどにおいても注目されるようになった。だがその一方で、職場における多数の労働者を組織し、（労使協調を不動の前提とした協議による単なる微調整ではなく）団体交渉権や争議権を裏付けとする数の力で、労働条件や働き方の決定プロセスへの影響力を強力に発揮する主体としての労働組合は、その存在をほぼ無視ないしは絶望視されてきたと言ってよい。

　だがかかる議論状況のなかで、そのような、いわば「本来的」な労働組合の発見と分析にあくまでこだわる研究業績も、少数ながら存在する。河西宏祐氏による私鉄総連中国地方労組広島電鉄支部（以下「私鉄広電支部」と略記）を対象とした一連の労作がその代表的なものである（河西 2009、2011、2015）。

　本書は、著者飯嶋和紀氏が、その河西氏の指導のもとで私鉄広電支部を対象とする研究をさらに展開し、その成果を博士論文としてとりまとめた論稿をベースとした作品であり、職場を基盤とした多数の労働者の力を背景に日常的な労働条件規制を行っている労働組合が今日なお厳然と存在すること、そしてそうした組織のあり方や機能がいかに実現しているかを明らかにしようとした労作である。こうした今日的には「流行らない」、地味な、しかし現下における労働問題や労

使関係のありようを考えた際、実はこのうえなく重要なテーマに真摯にとりくみ、しかも大学や研究機関に職業研究者としてのポストで在職するわけではなく、一般の職場で労働者として働きながら、かくも優れた力作をまとめ上げ刊行されたことに、心より敬意を表したい。

　さて本書は、私鉄広電支部という労働組合が、職場レベルから労働条件や働き方をめぐる規制力を発揮する組織を実現し維持しえている要因を明らかにするという課題を、日本における職場レベルの労働運動史や先行研究の検討をふまえて、3つの側面から解明しようとしている。ひとつには、組合の職場組織による職場規制のしくみ、とりわけ現場協議制の実態を明らかにすること（研究課題A）、第2に、そのような機能を発揮する組合職場組織の活動が、どのような労働者層の利害と影響力が、どのように反映し行使されることによって展開されているのかを解明すること（研究課題B）、そして最後に、労働組合による強い職場規制力が招来しがちな、そして歴史的に見れば職場における対抗的・自律的な労働組合組織の崩壊をもたらす要因となってきた「職場規律の弛緩」がいかに防がれているかを分析すること（研究課題C）、この3つである。

　そして本書においては、この3つの研究課題をめぐって緻密な資料調査と聞き取り調査に基づく丹念な分析が展開されているのであるが、本書全体の構成が、この3つの研究課題に沿って明確な体系をなしているだけではなく、それぞれの章・節において、研究課題が繰り返し確認され、それぞれの研究課題のどのような要素・トピックが分析の対象となっているか、そしてそのように細かく腑分けされた課題に対する結論はそれぞれどのようなものであり、全体の論理展開・実証分析のなかでどのように位置付けられるか、ということが、本文の各所でやはり繰り返し丁寧に記述されており、読者が読み進めていくうちに論理の迷路にはまりこむということがない。この、リーダー・フレンドリーであることを徹底的に重視した（と見える）叙述・構成のあり方は、日本の人文社会科学系分野における重厚な学術文献としては異例なほどとも言え、「好み」にも左右されて評価が分かれるところかもしれないが、評者にはこの点を本書の価値を一段と高めているものと思われる。

　そして本書において、著者による調査・分析を通じて、各研究課題について導

き出されるのは次のような命題である。すなわち、私鉄広電支部の現場協議制が徹底して調査活動を基礎とした事実に基づく要求を軸とするものであること、職場における組合組織が、非正規雇用労働者（契約社員）も含む全労働者の労働条件向上をめざす存在となっており、末端職制と一般労働者など組合内の潜在的な対立軸は、部会・分会役員が「調整層」としての機能を果たすことで顕在化を防いでいること、そして、全組合（支部）レベルで「乗客サービス」を重視する姿勢を保つことにより、職場規律の弛緩を防いでいること、などである。

　そしてこうした事実の析出を受けて、本書では「新たな労働組合の理論」として「広電型労働組合主義」という理念が提示される。これは「非正規社員から末端職制まで」を含む全労働者の利益を追求する職場組織を基礎に「生産性の向上、合理化と労働条件の向上、利用者の利便性と労働条件の向上、権利と義務、といった相矛盾する要素に関し、これまでの日本の労働組合がどちらかに重きを置いた対応をすることしかできなかった難問を、あえて抱え込み、生産への協力と分配の獲得度合いを調整することにより、克服し」ようとする労働組合のあり方である。そして著者は、これを日本の労働組合の再活性化へ向けた、ひとつの指針として提起するのである。

　以上が、至極簡素にまとめてみた本書の概要であるが、先にも述べたように、評者は、個別労働紛争への介入ではなく、職場に基礎をおく多数の労働者の結集した力を背景とする労働組合運動の再生可能性、という問題設定の的確さと今日的意義の大きさ、そしてその実証の精緻さと論述の明確さ、といった点で最大級に評価するものである。評者を含め日本の労働組合の再活性化という問題意識をもって研究を進めようとする者にとって、本書が、その重要さを強調してもしすぎることはないマイルストーンとして位置付けられるであろうことはあらためて確認しておきたい。そのうえで、本書の到達点をふまえた今後のわれわれの研究課題について問題提起するという意味をもこめて、紙幅の関係も考慮し、疑問点を2点のみ提示しておこう。

　著者の打ち出す「広電型労働組合主義」という概念が、職場における誠実で緻密な調査活動や、労働者の生の声や利害を大切にしつつ、雇用を守るためには柔軟な経営協力も行うという、きわめて「原則的かつ現実的」とでも表現すべき、

しなやかさと強靭さを兼ね備えた運動路線である、ということは、本書の丁寧な叙述からよく伝わってくるところである。しかし、それがひとたび、本書の表現のように定義づけられるなら、それはあの「生産協力、分配対立」という、全労－同盟以来、戦後日本労働運動史においてお馴染みの「労働組合主義」とどのように異なるのかが判然としなくなるように思われる。と言うよりも、「生産と分配の獲得度合いをそのときどきの条件に応じて調整」という言葉をとりだせば「分配対立」というよりもさらに「生産協力」に比重がおかれた運動のあり方とさえ受け取られかねないのではないか。

　もちろん、このように単純化した概念定義によっては把握することのできない「広電型」組織と運動の強靭性、対経営での自立性・自律性は、本書における詳細な実態解明の記述を読めば十分に伝わってくるものではある。しかし、そこから抽出された一般性をもつ「型」となると、従来的な「労働組合主義」との違い、ないしはそれと比較した際の優位性がわかりにくくなってしまうということは、私鉄広電支部の経験をいかに一般化・理論化してゆくか、という点では、まだ多くの課題が残されているということを示唆しているように思われる。[2]

　もう1点であるが、ここまで見てきたような私鉄広電支部の組織・運動の特質にとって不可欠な要素として、同支部が「全ての労働者」の利益を追求することに特段の心を砕いているという点に本書はとくに着目し、とりわけここでいう「全労働者」に「非正規社員」も含まれていることが、既存の労働組合主義ないしは労使協調主義的労働組合との対比で強調されている。ここで言う「非正規社員」とはフルタイム有期雇用の「契約社員」とよばれる労働者であり、広電支部の運動によって全契約社員の正社員化が実現したことは、一般にもよく知られ、これまでの研究でも取り上げられてきたところであり（河西 2011、2015）、確かにそのことの意義はきわめて重要である。しかし本書63-64頁などを見ると、職場規制にとって不可欠な位置を占める要員配置をめぐる交渉では、調整弁的な雇用として「アルバイト」を活用することで労使は合意している。このことは、「非正規雇用を含む全労働者」の利害に基づく組合活動を志向しているとはいえ、その「非正規」の範囲は基幹化した一部非正規にとどまっているのではないか、ということを示唆するものでもある。基幹化した「フルタイム」非正規のみなら

ず、パート・アルバイト・間接雇用など多様化する雇用形態をめぐる労働問題への取り組みが、従来的な組織形態の労働組合にとっても再生の鍵としてしばしば論じられている現状を鑑みれば、やはりこのことは看過しがたい問題として浮上してくるとも思われるのである。

　本書の意義と著者の今後の研究に期待するがゆえの疑問点を率直に提示させていただいた。言うまでもなく、こうした点が本書全体の価値を大きく損ねるものではない。評者もまた、ここで提起された労働組合の職場からの再生という大きな課題に取り組むにあたって、本書と飯嶋氏のこれからの仕事に大いに学んでゆきたいと思う。

〔注〕
(1)　本書172頁。
(2)　ただしこの点は著者も自覚しており、今後の課題として率直に述べられてはいる（165頁）。

〔文献〕
河西宏佑（2009）『路面電車を守った労働組合』平原社。
―――（2011）『全契約社員の正社員化』早稲田大学出版部。
―――（2015）『全契約社員の正社員化を実現した労働組合』平原社。

河西宏祐著
『電産型賃金の思想』
(平原社、2015年、A5判、260頁、定価2,400円+税)

清山　玲
(茨城大学)

1．本書の狙い

　本書は、労働社会学研究の重鎮である河西宏祐氏が若い世代に向けて、日本電気産業労働組合(以下電産と表記)の労働運動と電産型賃金を素材に労働者の連帯や平等を希求する先達の英知と苦闘の歴史から学ぶことの大切さを、学生や市民を含む幅広い読者層に向けて発信したメッセージの書である。電産が戦後の転換期に構築した有名な「電産型賃金」体系に込められた人々の熱い想いや、当時の時代状況のなかで労働組合の運動家たちが働く人たちの切実な賃金要求を汲み取り理論的実践的に解決すべく課題にいかに立ち向かい努力したかを、著者は電産に拠った若者たちの青春群像として平易な文章で伝えている。同時に、若いときから電産の研究をしてきた著者の調査研究姿勢を伝えることで、若い世代への実践的なアドバイスとエールを贈る書物であることが意識されている。この著者の狙いは十分に成功していると評者は考える。

　以下、本書の概要を紹介したうえで、評者の問題関心と学会の研究動向を踏まえて、若干の論点提起とコメントをしたい。

2．本書の概要

　本書の構成を簡単に紹介すると以下のようになる。序章「電産とは何か」では、電産の結成から解散までの歴史を結成・発展・凋落・その後として、簡潔にその活動を紹介している。第1章「電産型賃金の形成——電産10月闘争(1946年)」では、敗戦直後の日本の労働運動を10年間牽引し称えられた「輝ける電産」が獲得した電産型賃金の形成過程を電産10月闘争のなかに位置づけて明らかにし

ている。第2章「電産型賃金の思想――それは"性差別賃金"か?」では、時代背景の紹介と多くの資料から、電産型賃金が性平等賃金を指向していただけでなく実効性を持っていたことを実証的に明らかにする。第3章「能力給の査定基準――電産型賃金は年功賃金なのか」では、電産型賃金は技能熟練に対応した査定を含む能力給を指向したが、労使双方の力不足など時代状況から査定の入らない学歴職務給となっていったことを明らかにし、個人ごとの査定を含まないので年功賃金ではなく、「生活給賃金(最低生活保証賃金)」と呼ぶことが適当であると結論づけている。[1]第4章「電産52年争議――戦後日本における『企業別主義』確立の画期」では、電産52年争議の基本的性格を、日本の労働運動が「産別主義」から「企業別主義」へと転換する画期と捉える視点から、労働者団結の契機を中心として把握しようとする。 補論「電力『分割・民営』(1951年)の教訓――国鉄『分割・民営』(1987年)のモデル」では、①国鉄の「分割・民営」のモデルが電力産業の「分割・民営」であることと、②その主要目的が労働組合つぶしであることを、筆者が国鉄「分割民営」が議論されていた当時からすでに喝破していたことが分かる。終章「労働調査40年の経験から――私の最終講義」(早稲田大学での最終講義を所収)では、広島電鉄と電産に関する調査研究とそれにまつわるエピソードを中心に著者の研究への熱い想いと、社会調査は頭ではなく、心と足でするものだという研究姿勢が説得的に書かれている。

3. 若干の論点とコメント

まず、本書は、評者を含む多くの読者にとっては、電産の労働運動と電産型賃金の形成過程といった史実と著者の研究史から何かを学ぶための書物という位置づけになろう。そこで、著者が明らかにした史実から評者を含む日本の労働問題研究者がいま何を学べるのかを、評者の問題関心に沿って論点を提示し考察する。

第1に、属人的な生活保障給である年功賃金は制度それ自体が性差別を内在し、本質的に性差別賃金であるのか否かという論点に関するものである。近年、森ます美氏、木下武男氏、遠藤公嗣氏らの主要なジェンダー研究者たちが属人的な生活保障給、年功的な家族賃金のモデルとされた電産型賃金に対する批判を行ってきた。これらの批判に対する反論を強く意識して著者が本書を刊行したことは、

本書の帯に印刷された「われわれは、日本で初めて『男女同一労働に対する同一賃金制』を実現した」（電産結成大会の宣言）という文言からも明らかだと推察する。この点に関しては、すでに評者も含めて何人もの人事労務管理の研究者が、電産型賃金体系をモデルとする生活保障給や年功的な能力給の制度それ自体が性差別を内包しているのではなく、運用の問題で是正できることを指摘してきたところである。[2]

　資料やインタビュー調査に基づき時代背景を含めて展開された説明は説得的である。属人的な家族賃金のモデルである電産型賃金がその出発点において、性別による賃金不平等の撤廃を基本条件としていたこと、本人賃金が性に平等であることはもとより、家族賃金部分についても世帯主条項などによる性差別もなく、扶養の実態に即した運用が当時からなされていた点で画期的であったことが簡潔かつ明瞭に示されており、この点についての論争には終止符が打たれたものと評者は考える。

　なお、電産型賃金が女性の結婚退職者を「性別分業イデオロギー」に強制されやむなく退職したのであって自己都合退職ではないとみなし、退職後も在籍時どうようの賃金を支払うという有給退職規定による救済策を講じていたことには驚かされた。いまの感覚で働く人たちの納得が得られるか、ジェンダー平等的な規定かという視点でこの制度をみれば問題があろう。しかし、当時の時代状況のなかで考えるとき、経済的な意味で性差別是正を試みた証しとしてジェンダー平等を強く指向した電産のスタンスをそこにみることはできる。

　第2に、能力給と査定および査定基準をめぐる論点がある。本書では、電産が資格、階級制度並びに学歴・性別による賃金不平等の撤廃を掲げて、生活保障給以外の比重を2割にとどめ、そのなかの勤続給部分は熟練度を勤続年数によって評価することで経営者の恣意性を排除する姿勢を貫いたことが強調される。残る能力給部分には小さいながらも査定が入ることを望ましいと考えていたこと、しかし労使双方ともに納得できる査定基準をつくることができず運用面で査定を規制し極力排除していたことからも学ぶことは小さくない。

　査定がもつ差別的運用の可能性を排除する基準作りは容易ではないが、労使の力関係によって査定の恣意性を排除し客観的に評価する仕組みづくりとその運用

に、当時の電産が挑戦し不完全ながらも成功していたことに注目したい。査定の権限が完全に使用者側にあり、その基準も公表されない状況では、差別の是正は難しい。

これに対して、仕事基準の賃金は制度的に性平等を担保するかのような議論も見受けられるが、実際は、職務評価の際に、知識技能、負担、責任、労働環境などの各要素間のウエイト付けと要素内の各レベル別の点数の割り当てをめぐって、性差別的にも性平等的にもなりうる。また、査定付の職務賃金ということを認めるのであれば、運用次第で性差別も可能である。とりわけどのような職務に誰を配置するかという配置に関して経営側の権限が強く裁量度も大きい日本では、昇進差別も含めて性差別は容易に可能である。

したがって職場でさまざまな差別的処遇が生じないようにするためには、労働組合が積極的に職務評価の基準作りに関与するとともに、運用面で規制力を発揮することが求められる。電産が能力給の運用については組合と協議して決めるとの確約を経営側から得ていたことに、当時の電産の交渉力の強さ、労使関係における組合側の強さに瞠目させられる。同時に、労使の力関係の変化とともに査定分のウエイトの増大と基準の不透明さ、差別的運用の拡大という運用上の問題を引き起こしていったことにも注目したい。客観的で誰もが納得できる査定基準をつくること、公正な査定を担保させるために規制力を発揮できるだけの力関係を労働側が維持しつづけることはほんとうに難しく、道は険しい。

第3に、電産型賃金の要求・獲得、査定に対する経営側の裁量権・査定に対する規制力および有給退職者の規定などに象徴される強力な労働組合であった電産が、いくつかの出来事を契機に短時日でその力を失ってしまったプロセスの解明は、著者が現代社会に鳴らす警鐘だと評者は考える。とくに、思想選別による解雇通告いわゆるレッドパージ（非共産党員活動家を含む）を組合が先導し執行部の主導権争いに利用したことが一般組合員の組合活動からの総退却につながったこと、電産型賃金のなかの地域給および能力給部分をめぐって物価と生産性の違いなどを理由に格差が拡大し地域・企業間で激しい対立が生じたことなど、労働者の連帯が失われていくプロセスを明らかにした箇所からは、働く人々を分断統治するという経営者の姿勢に対しては、連帯を第一義に考えるべきであるという

著者の考えが随所に透けて見える。これは、終章で広島電鉄の事例を紹介した箇所にもあらわれている。正規と非正規という雇用形態間格差、コース制などの雇用管理区分間格差、査定の拡大や査定基準の不透明さなど、今日の職場には連帯を阻むものが少なくない。慎重に、基本に立ち返って判断することの大切さを学ぶとともに、その難しさを痛感させられる。

　粘り強く発掘した資料やインタビュー調査から何度も何度もさまざまな角度から読み解き、事実をありのままに受け止め、研究対象をありのままに丸ごと理解するという著者の姿勢に学びたい。それは決して容易なことではない。1970年に著者が電産資料を発見してから半世紀近くもの期間関心を持ち続け研究を継続され、その間に少数派や契約社員の人たちの存在にも向き合い働く人たちの連帯の大切さとそれを損なうものは何かということなど、私たちが歴史に何を学ぶべきかを指し示してくれる貴重な1冊である。評者は、学生時代に恩師である黒川俊雄先生の日本労働組合運動史を受講したが、当時、本書があればどんなに学ぶのが楽しかったかと思う。労働史や労働社会学研究者だけでなく、賃金論や労使関係論等の幅広い研究者をも惹きつけて魅了する書であると確信する。必読の1冊としてお勧めしたい。

〔注〕
(1)　年功賃金については、年の功なのか年と功なのかという議論や知的熟練をめぐる議論など諸説あり論点となるが、紙幅の関係もあってこの点についてはふれないことにする。
(2)　たとえば、森ます美著『日本の性差別賃金』に関する書評として、黒田兼一（2006年『大原社会問題研究所雑誌』570号所収）、清山玲（2007年『社会政策学会誌』第18号所収）、遠藤公嗣著『賃金の決め方』に関する書評として、小越洋之助（2006年『大原社会問題研究所雑誌』568号所収）などがある。

日本労働社会学会会則

(1988年10月10日　制定)
(1989年10月23日　改訂)
(1991年11月5日　改正)
(1997年10月26日　改正)
(1998年11月2日　改正)

［名　　称］

第1条　本会は、日本労働社会学会と称する。

　2　本会の英語名は、The Japanese Association of Labor Sociology とする。

［目　　的］

第2条　本会は、産業・労働問題の社会学的研究を行なうとともに、これらの分野の研究に携わる研究者による研究成果の発表と相互交流を行なうことを通じて、産業・労働問題に関する社会学的研究の発達・普及を図ることを目的とする。

［事　　業］

第3条　本会は次の事業を行う。

　(1)　毎年1回、大会を開催し、研究の発表および討議を行なう。

　(2)　研究会および見学会の開催。

　(3)　会員の研究成果の報告および刊行(年報、その他の刊行物の発行)。

　(4)　内外の学会、研究会への参加。

　(5)　その他、本会の目的を達成するために適当と認められる事業。

［会　　員］

第4条　本会は、産業・労働問題の調査・研究を行なう研究者であって、本会の趣旨に賛同するものをもって組織する。

第5条　本会に入会しようとするものは、会員1名の紹介を付して幹事会に申し出て、その承認を受けなければならない。

第6条　会員は毎年(新入会員は入会の時)所定の会費を納めなければならない。

　2　会費の金額は総会に諮り、別途定める。

　3　継続して3年以上会費を滞納した会員は、原則として会員の資格を失うものとする。

第7条　会員は、本会が実施する事業に参加し、機関誌、その他の刊行物の実費配布を受けることができる。
第8条　本会を退会しようとする会員は書面をもって、その旨を幹事会に申し出なければならない。

[役　　員]

第9条　本会に、つぎの役員をおく。
　(1)　代表幹事　1名
　(2)　幹　　事　若干名
　(3)　監　　事　2名
　役員の任期は2年とする。ただし連続して2期4年を超えることはできない。
第10条　代表幹事は、幹事会において幹事の中から選任され、本会を代表し会務を処理する。
第11条　幹事は、会員の中から選任され、幹事会を構成して会務を処理する。
第12条　監事は、会員の中から選任され、本会の会計を監査し、総会に報告する。
第13条　役員の選任手続きは別に定める。

[総　　会]

第14条　本会は、毎年1回、会員総会を開くものとする。
　2　幹事会が必要と認めるとき、又は会員の3分の1以上の請求があるときは臨時総会を開くことができる。
第15条　総会は本会の最高意思決定機関として、役員の選出、事業および会務についての意見の提出、予算および決算の審議にあたる。
　2　総会における議長は、その都度、会員の中から選任する。
　3　総会の議決は、第20条に定める場合を除き、出席会員の過半数による。
第16条　幹事会は、総会の議事、会場および日時を定めて、予めこれを会員に通知する。
　2　幹事会は、総会において会務について報告する。

[会　　計]

第17条　本会の運営費用は、会員からの会費、寄付金およびその他の収入による。
第18条　本会の会計期間は、毎年10月1日より翌年9月30日までとする。

［地方部会ならびに分科会］
第19条　本会の活動の一環として、地方部会ならびに分科会を設けることができる。
　　［会則の変更］
第20条　この会則の変更には、幹事の2分の1以上、または会員の3分の1以上の提案により、総会の出席会員の3分の2以上の賛成を得なければならない。
　　［付　　則］
第21条　本会の事務執行に必要な細則は幹事会がこれを定める。
　　2　本会の事務局は、当分の間、代表幹事の所属する機関に置く。
第22条　この会則は1988年10月10日から施行する。

編集委員会規程

(1988年10月10日　制定)
(1992年11月3日　改訂)

1. 日本労働社会学会は、機関誌『日本労働社会学会年報』を発行するために、編集委員会を置く。
2. 編集委員会は、編集委員長1名および編集委員若干名で構成する。
3. 編集委員長は、幹事会において互選する。編集委員は、幹事会の推薦にもとづき、代表幹事が委嘱する。
4. 編集委員長および編集委員の任期は、幹事の任期と同じく2年とし、重任を妨げない。
5. 編集委員長は、編集委員会を主宰し、機関誌編集を統括する。編集委員は、機関誌編集を担当する。
6. 編集委員会は、会員の投稿原稿の審査のため、専門委員若干名を置く。
7. 専門委員は、編集委員会の推薦にもとづき、代表幹事が委嘱する。
8. 専門委員の任期は、2年とし、重任を妨げない。なお、代表幹事は、編集委員会の推薦にもとづき、特定の原稿のみを審査する専門委員を臨時に委嘱することができる。
9. 専門委員は、編集委員会の依頼により、投稿原稿を審査し、その結果を編集委員会に文書で報告する。
10. 編集委員会は、専門委員の審査報告にもとづいて、投稿原稿の採否、修正指示等の措置を決定する。

付則1. この規定は、1992年11月3日より施行する。
　　2. この規定の改廃は、編集委員会および幹事会の議を経て、日本労働社会学会総会の承認を得るものとする。
　　3. この規定の施行細則（編集規定）および投稿規定は、編集委員会が別に定め、幹事会の承認を得るものとする。

編集規程

(1988年10月10日　制定)
(1992年10月17日　改訂)
(幹事会承認)

1. 『日本労働社会学会年報』(以下本誌)は、日本労働社会学会の機関誌であって、年1回発行する。
2. 本誌は、原則として、本会会員の労働社会学関係の研究成果の発表に充てる。
3. 本誌は、論文、研究ノート、書評、海外動向等で構成し、会員の文献集録欄を随時設ける。
4. 本誌の掲載原稿は、会員の投稿原稿と編集委員会の依頼原稿とから成る。

年報投稿規程

(1988年10月10日　制定)
(1992年10月17日　改訂)
(2002年 9月28日　改訂)
(2011年12月15日　改訂)
(2014年 7月 5日　改訂)
(幹事会承認)

[投稿資格および著作権の帰属]
1. 本誌(日本労働社会学会年報)への投稿資格は、本会員とする。なお、投稿論文が共著論文の場合、執筆者のうち筆頭著者を含む半数以上が本会会員であることを要する。
2. 本誌に発表された論文等の著作権は日本労働社会学会に帰属する。ただし、著作者自身による複製、公衆送信については、申し出がなくてもこれを許諾する。

[投稿原稿]
3. 本誌への投稿は論文、研究ノート、その他とする。
4. 投稿する論文は未発表のものに限る。他誌への重複投稿は認めない。既発表の有無・重複投稿の判断等は、編集委員会に帰属する。ただし、学会・研究会

等で発表したものについては、この限りではない。

[執筆要項]

5. 投稿は、パソコン類による横書きとする。
6. 論文及び研究ノートの分量は24,000字以内（図表込：図表は1つにつき400字換算）とする。また、書評は4,000字程度とする。
7. 原稿は下記の順序に従って記述する。
   題目、英文題目、執筆者名、執筆者ローマ字、本文、注、文献、字数。
8. 本文の章・節の見出しは、次の通りとする。
   1.2.3…、(1)(2)(3)…、1)2)3)…
9. 本文への補注は、本文の箇所の右肩に(1)、(2)、(3)の記号をつけ、論文末の文献リストの前に一括して掲載する。
10. 引用文献注は下記のように掲載する。
    引用文献注は本文の該当箇所に（　）を付して、（著者名、西暦発行年、引用ページ）を示す。引用文献は論文末の補注の後に、著者のアルファベット順に著者名・刊行西暦年、書名（または論文名、掲載誌名、巻号）、出版社の順に一括して掲載する。また、同一の著者の同一年度に発行の著者または論文がある場合には、発行順にa, b, c,…を付する。
11. 図、表、写真は別紙とし、次のように作成する。
    (1) 本文に該当する箇所の欄外に挿入箇所を朱書きして指定する。
    (2) 図・表の文字の大きさは、別紙で定める図表基準に従うこと。
    (3) 図・表の番号は、図-1、表-1のように示し、図・表のそれぞれについて通し番号をつけ、表にはタイトルを上に、図にはタイトルを下につける。
    (4) 図・表・写真等を他の著作物から引用する場合は、出典を必ず明記し、必要に応じて原著者または著作権保持者から使用許可を得ること。

[申込みと提出]

12. 投稿希望者は、以下の項目をA4サイズの用紙1枚に記入し編集委員会宛に申し込む。書式は自由とする。
    (1)氏名、(2)郵便番号と住所、電話番号、e-mailアドレス、(3)所属機関・職名、同電話番号、(4)論文、研究ノートなどの区分、(5)論文の題目、(6)論文の概

略、(7) 使用ソフトの名称及びバージョン。
13. 当初の投稿は原稿とコピー計3部（うちコピー2部は氏名を伏せること）を送付する。また、編集委員会が指定するアドレスに原稿を添付ファイルで送信する。

[原稿の採否]
14. 投稿論文は複数の審査員の審査結果により、編集委員会が掲載の可否を決定する。
15. 最終段階で完成原稿とコピー計2部を編集委員会に送付する。また、編集委員会が指定するアドレスに原稿を添付ファイルで送信する。

[図表基準]
16. 図表は次の基準により作成するものとする。
　(1) 図表のサイズは年報の1頁以内に収まる分量とする。
　(2) 図表作成の詳細については、原稿提出後に出版社との調整があるので、その指示に従い投稿者の責任において修正することとする。

[付記]
1. 本規程の改訂は、幹事会の承認を得なければならない。
2. 本規程は、2014年7月5日より実施する。

日本労働社会学会幹事名簿（第28期）

幹　事

山田　信行	（駒澤大学）	代表幹事	
松尾　孝一	（青山学院大学）	事務局長	
勝俣　達也	（専修大学）	会　　計	
今井　　順	（北海道大学）		
大西　祥惠	（国学院大学）		
小川　慎一	（横浜国立大学）		
小谷　　幸	（日本大学）		
笹原　　恵	（静岡大学）		
園田　洋一	（東北福祉大学）		
髙橋　康二	（労働政策研究・研修機構）		
戸室　健作	（山形大学）		
西野　史子	（一橋大学）		
橋本　健二	（早稲田大学）		
長谷川美貴	（常磐大学）		
樋口　博美	（専修大学）		
松戸　武彦	（南山大学）		
村尾祐美子	（東洋大学）		
吉田　　誠	（立命館大学）		
渡辺めぐみ	（龍谷大学）		

監　事

木本喜美子	（一橋大学）
兵頭　淳史	（専修大学）

年報編集委員会

大西　祥惠	編集委員長
笹原　　恵	編集委員
園田　洋一	編集委員
渡辺めぐみ	編集委員

編集後記

　昨年は年報の発刊が大幅に遅れてしまいましたが、今年は会員の皆さまのご協力により、全国大会に近い時期に年報を発刊することができました。とりわけ特集論文、投稿論文、書評の執筆者の皆さま、査読でお世話になった皆さま、年報の発刊にあたってお世話になった皆さまに、編集委員一同、心より御礼申しあげます。

　今号では、会員の皆さまの研究活動を反映して、特集論文4本、投稿論文2本、書評5本を掲載しております。

　投稿論文につきましては、昨年は初めの投稿原稿募集の際にエントリーが1件もなく、再募集の運びとなりましたが、今年はエントリーが9件あり、年度による件数の違いの大きさを実感いたしました。そのうち実際に原稿の投稿に至ったのが5本、4本が修正のうえ再査読可となり、結果的に2本の投稿論文が掲載に至りました。

　年報は会員の皆さまの活発な研究成果が掲載される場としての役割を果たしていければと思っておりますので、会員の皆さまにおかれましては、今後ともご協力を賜りますよう、何卒よろしくお願い申しあげます。

（年報編集委員長　大西祥恵）

ISSN　0919-7990

日本労働社会学会年報　第27号
「女性活躍」政策下の労働
2016年10月28日　発行

□編　集　　日本労働社会学会編集委員会
□発行者　　日本労働社会学会
□発売元　　株式会社 東信堂

日本労働社会学会事務局
〒150-8366　東京都渋谷区渋谷4-4-25
青山学院大学経済学部　松尾孝一研究室気付
TEL　03-3409-8111（内線12601）
E-mail　matsuo@econ.aoyama.ac.jp
学会HP　http://www.jals.jp

株式会社 東信堂
〒113-0023　文京区向丘1-20-6
TEL　03-3818-5521
FAX　03-3818-5514
E-mail　tk203444@fsinet.or.jp
東信堂HP　http://www.toshindo-pub.com

ISBN978-4-7989-1395-7　C3036

「日本労働社会学会年報」バックナンバー（20号以降）

労働者像のこの10年──市場志向と社会志向の相克のなかで
──日本労働社会学会年報⑳──
日本労働社会学会編

〔執筆者〕小川慎一・神谷拓平・鈴木玲・村尾祐美子・M.ブラウォイ・京谷栄二・富沢賢治・木本喜美子・遠藤公嗣ほか

Ａ５／184頁／2100円　978-4-88713-956-5　C3036〔2009〕

介護労働の多面的理解
──日本労働社会学会年報㉑──
日本労働社会学会編

〔執筆者〕伊藤周平・水野博達・阿部真大・牟智煥・松本理恵・中嶌剛・上原慎一・嵯峨一郎

Ａ５／144頁／1800円　978-4-7989-0030-8　C3036〔2010〕

新しい公共における労働とサービス
──日本労働社会学会年報㉒──
日本労働社会学会編

〔執筆者〕松尾孝一・櫻井純理・萩原久美子・井草剛・濱田英次ほか

Ａ５／168頁／2000円　978-4-7989-0099-5　C3036〔2011〕

労働規制緩和の転換と非正規労働
──日本労働社会学会年報㉓──
日本労働社会学会編

〔執筆者〕白井邦彦・田中裕美子・宮本みち子・李旼珍・飯島裕子ほか

Ａ５／208頁／2500円　978-4-7989-0157-2　C3036〔2012〕

「格差社会」のなかの労働運動
──日本労働社会学会年報㉔──
日本労働社会学会編

〔執筆者〕鈴木玲・呉学殊・田中慶子ほか

Ａ５／136頁／1800円　978-4-7989-1209-7　C3036〔2013〕

サービス労働の分析
──日本労働社会学会年報㉕──
日本労働社会学会編

〔執筆者〕山根純佳・小村由香・木暮弘・鈴木和雄・中根多惠・筒井美紀・鈴木力ほか

Ａ５／232頁／2500円　978-4-7989-1276-9　C3036〔2014〕

若者の就労と労働社会の行方
──日本労働社会学会年報㉖──
日本労働社会学会編

〔執筆者〕今野晴貴・伊藤大一・山崎憲・阿部誠・鎌田とし子・鎌田哲宏ほか

Ａ５／216頁／2500円　978-4-7989-1330-8　C3036〔2015〕

※　ご購入ご希望の方は、学会事務局または発売元・東信堂へご照会下さい。
※　本体（税別）価格にて表示しております。

東信堂

書名	著者	価格
主権者の社会認識——自分自身と向き合う	庄司興吉	二六〇〇円
主権者の協同社会へ——新時代の大学教育と大学生協	庄司興吉	二四〇〇円
地球市民学を創る——変革のなかで 地球社会の危機と	庄司興吉編著	三二〇〇円
社会学の射程——ポストコロニアルな地球市民の社会学へ	庄司興吉	三二〇〇円
グローバル化と知的様式——社会科学方法論についての七つのエッセー	大矢 J・ガルトゥング著 澤光修次郎訳	二八〇〇円
社会的自我論の現代的展開	船津衛	二四〇〇円
組織の存立構造論と両義性論——社会学理論の重層的探究	舩橋晴俊	二五〇〇円
市民力による知の創造と発展——身近な環境に関する市民研究の持続的展開	萩原なつ子	三二〇〇円
現代日本の階級構造——理論・方法・計量・分析	橋本健二	四五〇〇円
階級・ジェンダー・再生産——現代資本主義社会の存続メカニズム	橋本健二	三二〇〇円
人間諸科学の形成と制度化——社会諸科学との比較研究	長谷川幸一	三八〇〇円
現代社会と権威主義——フランクフルト学派権威論の再構成	保坂稔	三六〇〇円
インターネットの銀河系——ネット時代のビジネスと社会	M・カステル著 矢澤・小山訳	三六〇〇円
自立支援の実践知——阪神・淡路大震災と共同・市民社会	似田貝香門編	三八〇〇円
[改訂版] ボランティア活動の論理——ボランタリズムとサブシステンス	西山志保	三六〇〇円
自立と支援の社会学——阪神大震災とボランティア	佐藤恵	三二〇〇円
NPO実践マネジメント入門（第2版）	パブリックリソースセンター編	二三八一円
個人化する社会と行政の変容——情報、コミュニケーションによるガバナンスの展開	藤谷忠昭	三八〇〇円
コミュニティワークの教育的実践	高橋満	二〇〇〇円
NPOの公共性と生涯学習のガバナンス	高橋満	二八〇〇円

〒113-0023　東京都文京区向丘1-20-6
TEL 03-3818-5521　FAX03-3818-5514　振替 00110-6-37828
Email tk203444@fsinet.or.jp　URL:http://www.toshindo-pub.com/
※定価：表示価格（本体）＋税

東信堂

海外日本人社会とメディア・ネットワーク
——パリ日本人社会を事例として
　　　　　　　　　　　　　　　　吉原直樹編著　四六〇〇円

移動の時代を生きる——人・権力・コミュニティ
　　　　　　　　　　　　　　　　吉原直樹監修
　　　　　　　　　　　　　　　　今野裕昭
　　　　　　　　　　　　　　　　松本行真編著　三三〇〇円

国際社会学の射程——日韓の事例と多文化主義再考
　　　　　　　　　　　　　国際社会学ブックレット1
　　　　　　　　　　　　　　　　大原仁樹監修　三三〇〇円

国際移動と移民政策
　　　　　　　　　　　　　国際社会学ブックレット2
　　　　　　　　　　　　　　　　吉原直樹
　　　　　　　　　　　　　　　　芝真和里央編訳　一二〇〇円

トランスナショナリズムと社会のイノベーション
——越境する国際社会学とコスモポリタン的志向
　　　　　　　　　　　　　国際社会学ブックレット3
　　　　　　　　　　　　　　　　有田本かほり
　　　　　　　　　　　　　　　　西原和久編著　一〇〇〇円

外国人単純技能労働者の受け入れと実態
——技能実習生を中心に
　　　　　　　　　　　　　　　　西原和久　一三〇〇円

現代日本の地域分化
——センサス等の市町村別集計に見る地域変動のダイナミックス
　　　　　　　　　　　　　　　　坂幸夫　一五〇〇円

「むつ小川原開発・核燃料サイクル施設問題」研究資料集
　　　　　　　　　　　　　　　　蓮見音彦　三八〇〇円

新版 新潟水俣病問題——加害と被害の社会学
　　　　　　　　　　　　　　　　茅野恒秀
　　　　　　　　　　　　　　　　舩橋晴俊編著　一八〇〇〇円

新潟水俣病をめぐる制度・表象・地域
　　　　　　　　　　　　　　　　金山行孝
　　　　　　　　　　　　　　　　舩橋晴俊編　三八〇〇円

新潟水俣病問題の受容と克服
　　　　　　　　　　　　　　　　舩橋晴俊
　　　　　　　　　　　　　　　　飯島伸子編　五六〇〇円

公害被害放置の社会学
——イタイイタイ病・カドミウム問題の歴史と現在
　　　　　　　　　　　　　　　　堀田恭子　四八〇〇円

開発援助の介入論
——インドの河川浄化政策に見る国境と文化を越える困難
　　　　　　　　　　　　　　　　藤川賢
　　　　　　　　　　　　　　　　渡辺伸一
　　　　　　　　　　　　　　　　飯島一子編　三六〇〇円

　　　　　　　　　　　　　　　　西谷内博美　四六〇〇円

〈大転換期と教育社会構造：地域社会変革の社会論的考察〉

第1巻 教育社会史——日本とイタリアと
　　　　　　　　　　　　　　　　小林甫　七八〇〇円

第2巻 現代的教養Ⅰ——生活者生涯学習の地域的展開
　　　　　　　　　　　　　　　　小林甫　六八〇〇円

第3巻 現代的教養Ⅱ——技術者生涯学習の生成と展望
　　　　　　　　　　　　　　　　小林甫　六八〇〇円

第3巻 学習力変革——地域自治と社会構築
　　　　　　　　　　　　　　　　小林甫　近刊

第4巻 社会共生力——東アジアと成人学習
　　　　　　　　　　　　　　　　小林甫　近刊

〒113-0023　東京都文京区向丘1-20-6
TEL 03-3818-5521　FAX 03-3818-5514　振替 00110-6-37828
Email tk203444@fsinet.or.jp　URL:http://www.toshindo-pub.com/

※定価：表示価格（本体）＋税

東信堂

書名	著者	価格
理論社会学——社会構築のための媒体と論理	森 元孝	二四〇〇円
貨幣の社会学——経済社会学への招待	森 元孝	一八〇〇円
ハンナ・アレント——共通世界と他者	中島道男	二四〇〇円
観察の政治思想——アーレントと判断力	小山花子	二五〇〇円
日本コミュニティ政策の検証——自治体内分権と地域自治へ向けて〔コミュニティ政策叢書１〕	山崎仁朗編著	四六〇〇円
豊田とトヨタ——産業グローバル化先進地域の現在	丹辺宣彦・山口博史・岡村徹也編著	四六〇〇円
社会階層と集団形成の変容——集合行為と「物象化」のメカニズム	丹辺宣彦	六五〇〇円
食品公害と被害者救済——カネミ油症事件の被害と政策過程	宇田和子	四六〇〇円
吉野川住民投票——市民参加のレシピ	武田真一郎	一八〇〇円
人は住むためにいかに闘ってきたか〔新装版〕欧米住宅物語	早川和男	二〇〇〇円
地域社会研究と社会学者群像——社会学としての闘争論の伝統	橋本和孝	五九〇〇円
園田保健社会学の形成と展開	米林喜男編著	三六〇〇円
社会的健康論	須田木綿子他	二五〇〇円
保健・医療・福祉の研究・教育・実践	園田恭一 編	三四〇〇円
研究道 学的探求の道案内	山田浩之・黒田浩一郎 編	二八〇〇円
福祉政策の理論と実際（改訂版）福祉社会学研究入門	平岡公一・平岡公一・山田昌弘・三重野卓 編	二五〇〇円
認知症家族介護を生きる——新しい認知症ケア時代の臨床社会学	井口高志	四二〇〇円
社会福祉における介護時間の研究——タイムスタディ調査の応用	渡邊裕子	五四〇〇円
介護予防支援と福祉コミュニティ	松村直道	二五〇〇円
対人サービスの民営化——行政・営利・非営利の境界線	須田木綿子	二三〇〇円

〒113-0023　東京都文京区向丘1-20-6
TEL 03-3818-5521　FAX03-3818-5514　振替 00110-6-37828
Email tk203444@fsinet.or.jp　URL:http://www.toshindo-pub.com/
※定価：表示価格（本体）＋税

東信堂

〈シリーズ 社会学のアクチュアリティ：批判と創造 全12巻〉

クリティークとしての社会学——現代を批判的に見る眼	西原和久・宇都宮京子編	一八〇〇円
都市社会とリスク——豊かな生活をもとめて	池岡義孝編	二〇〇〇円
言説分析の可能性——社会学的方法の迷宮から	斉藤日出治編	二〇〇〇円
グローバル化とアジア社会——ポストコロニアルの地平	厚東洋輔編	二三〇〇円
公共政策の社会学——社会的現実との格闘	藤田弘夫編	二二〇〇円
社会学のアリーナへ——21世紀社会を読み解く	吉原直樹編	二六〇〇円
モダニティと空間の物語——社会学のフロンティア	三重野卓編	二二〇〇円
戦後日本社会学のリアリティ——せめぎあうパラダイム	武川正吾編	二〇〇〇円
〈地域社会学講座 全3巻〉		
地域社会学の視座と方法	似田貝香門監修	二五〇〇円
グローバリゼーション／ポスト・モダンと地域社会	古城利明監修	二五〇〇円
地域社会の政策とガバナンス	岩崎信彦監修	二七〇〇円
〈シリーズ世界の社会学・日本の社会学〉		
タルコット・パーソンズ——最後の近代主義者	中野秀一郎	一八〇〇円
ゲオルグ・ジンメル——現代分化社会における個人と社会	居安正	一八〇〇円
ジョージ・H・ミード——社会的自我論の展開	船津衛	一八〇〇円
アラン・トゥーレーヌ——現代社会のゆくえと新しい社会運動	杉山光信	一八〇〇円
アルフレッド・シュッツ——主観的時間と社会空間	森元孝	一八〇〇円
エミール・デュルケム——社会の道徳的再建と社会学	中島道男	一八〇〇円
レイモン・アロン——危機の時代の警世家	岩城完之	一八〇〇円
フェルディナンド・テンニエス——透徹した警世家ゲマインシャフト・ゲゼルシャフト	吉田浩	一八〇〇円
カール・マンハイム——時代を診断する亡命者	澤井敦	一八〇〇円
ロバート・リンド——アメリカ文化の内省的批判と批判社会学の生成	園部雅久	一八〇〇円
アントニオ・グラムシ——『獄中ノート』と批判社会学の生成	鈴木富久	一八〇〇円
費孝通——民族自省の社会学	佐々木衞	一八〇〇円
奥井復太郎——都市社会学と生活論の創始者	藤田弘夫	一八〇〇円
新明正道——綜合社会学の探究	山本鎮雄	一八〇〇円
米田庄太郎——新総合社会学の先駆者	本島久滋男	一八〇〇円
高田保馬——理論と政策の無媒介的統一	北合隆男	一八〇〇円
戸田貞三——家族研究・実証社会学の軌跡	川合隆音	一八〇〇円
福武直——民主化と社会学の現実化を推進	蓮見音彦	一八〇〇円

〒113-0023 東京都文京区向丘1-20-6
TEL 03-3818-5521 FAX 03-3818-5514 振替 00110-6-37828
Email tk203444@fsinet.or.jp URL http://www.toshindo-pub.com/

※定価：表示価格（本体）＋税